KB072013

중국, 스스로의 길을 묻다

중국 석학들의 개혁개방 40년 평가와 전망

중국, 스스로의 길을 묻다

중국 석학들의 개혁개방 40년 평가와 전망

성균중국연구소 기획

이희옥 편저

성균관대학교
출판부

 차례

 경제

정치
외교

발간에 부처

『중국, 스스로의 길을 묻다』는 중국을 대표하는 학자들이 본 중국의 변화를 관찰한 기록이다. 이것은 성균중국연구소가 2018년 말 개혁개방 40주년을 맞아 펴낸 한국학자들의 시선을 담은 『중국 솔루션(China Solution)』(성균관대 출판부, 2018)과 짝을 이루고 있으며, 『세계, 중국의 길을 묻다』(2015), 『다시, 중국의 길을 묻다』(2017)의 연장선상에 있는 질문이다. 이 책은 한중 학자들이 비교의 시각에서 중국문제, 특히 개혁개방을 평가할 수 있는 기회가 될 것이다. 중국의 개혁개방은 일국적 발전전략이라기보다는 세계사적 의미를 지니고 있고, 한반도의 지형변화에도 깊은 의미를 주었으며, '부상한 중국'의 존재를 한국적으로 재구성하는 새로운 토론의 플랫폼이 되고 있다.

　　이 책에 원고를 보내 준 학자들은 중국을 대표하는 학자로서 손색이 없다. 학자의 영예인 장강(長江)학자들이 다수 포함되어 있고, 중국의 학계에서 10대 학자로 선정된 학자들도 있다. 이들은 그 동안 성균중국연구소와 깊은 인연을 맺고 오랫동안 학문적으로 교류해온 학자들이다. 예외 없이 성균중국연구소에서 개최한 국제회의와 중요한 세미나에 참여해 좋은 글을 발표해 주었고, 기회가 있을 때마다 연구소에서 출판하는 『성균차이나브리프』와 국내 유일의 중문판 계간지인 『成均中國觀察』에 옥고를 보내주어 한국학자들과 깊이 소통해 왔다.

이 책은 두 부분으로 구성되어 있다. 하나는 개혁개방을 경제적 차원에서 접근했고, 또 하나는 국가전략과 정치·사회적 차원에서 접근했다.

첫 번째 파트는 경제부분이다. 여기에는 상하이 푸둥(浦東) 개발을 진두지휘하며 상하이의 개혁개방을 책임졌던 전 국무원 신문판공실 자오치정(趙啓正) 주임, 중국학파(China School)를 이끌면서 수백만의 독자를 가지고 있는 푸단대학 중국연구원의 장웨이웨이(張維為) 원장, 중국 개혁개방의 이론과 정책 영역에서 일가를 이룬 중국(하이난)개혁발전연구원 츠푸린(遲福林) 원장, 중국의 노벨경제상이라는 순예팡(孫冶方)상 수상자인 중국사회과학원 사회과학평가센터 징린보(荊林波) 주임(전 중국사회과학원 중국재정전략연구원장), 중국의 개혁개방과 중국인의 삶의 양상을 면밀하게 추적해 우한대학 경제와 관리학원 허우웨이리(侯偉麗) 교수 등이 참여했다.

두 번째 파트는 중국의 개혁개방이 가져온 국가대전략과 정치·사회의 변화 부분이다. 여기에는 중국에서 민주주의 문제를 공론화하고 민주주의와 거버넌스의 상관관계를 집중적으로 추적한 베이징대학 정부관리학원 옌지룽(燕繼榮) 상무부원장, 중국의 '전략학'의 일가를 이루었고 이 분야에서 가장 영향력을 지닌 퉁지대학 정치와 국제관계학원 먼홍화(門洪華) 원장(전 중공중앙당교 국제전략연구원 부원장), 중국 공공외교에 이론적 자원을 제공하고 중국 스토리를 실천의 영역으로 끌어올린 지린대학 공공외교학원 류더빈(劉德斌) 원장, 중국외교 담론과 이론적 방향성을 제시하면서 상하이의 국제관계를 이끌고 있는 푸단대학 국제관계와 공공사무학원 쑤창허(蘇長和) 원장, 제2차 세계대전과 변경연구에 세계적 명성을 얻고 있는 우한대학 국제문제연구원 후더쿤(胡德坤) 원장 등이 집필자로 각각 참여했다.

　　이들이 한국의 중국연구의 지평을 확대하고 논의를 심화하고자 하는 성균중국연구소의 기획취지에 동감을 표하면서 바쁜 가운데 옥고를 보내 준 것에 대해 다시 한 번 감사의 인사를 전한다. 성균중국연구소의 양철 교수는 이 책의 기획과 편집의 전 과정을 맡아 설 연휴를 반납하며 출판에 매진했다. 이 책의 출판을 계기로 중국 개혁개방에 대해 '있는 그대로' 이해하고 여기에 기초해 한국적 시각에 기초한 비판적 시야를 확보하기를 바란다. 아울러 중국에 대한 선험적 비판과 과도한 이데올로기화를 지양하는 한편, 중국에 대한 무비판적 수용을 넘어 생산적 토론과 중국문제의 공론화에 기여하기를 바란다. 특히 한중 두 언어로 싣는 것은 중국과 중화권에서도 소개하기 위한 것이다. 독자 여러분의 아낌없는 질정을 바란다.

성균관대학교 성균중국연구소

이희옥 소장 배

서론

중국 개혁개방 40년을
어떻게 볼 것인가

이희옥: 성균중국연구소 소장

1978년 12월에 개최된 중국공산당 제11기 3중 전회(3차 중앙위원회 전체회의)는 제2차 혁명의 분기점이었다. 이 회의에서 비록 명시적으로 '개혁개방'이라는 용어를 사용하지는 않았지만, 중국공산당의 모든 역량을 사회주의 현대화 건설에 두기로 결정했다. 그 결과 중국은 세계 제2대 경제체, 제1대 공업대국, 상품무역국, 외환보유국이 되었으며, 수년간 연속으로 세계 경제성장에 대한 기여율이 30%가 넘었다. 뿐만 아니라 중국인들의 자국에 대한 민족적 자신감(national pride)을 크게 고양했다.

중국의 개혁개방은 단순한 경제발전 전략이 아니라, 기존의 철학과 관념 그리고 사상해방 등 사회주의 존재방식의 전환과 깊이 관련되어 있다. 다시 말해 계획경제와 계급투쟁에 기초한 국가운영방식의 패러다임을 극복하기 위해서는 '사회주의'에 대한 대담한 인식전환 없이는 새로운 돌파가 불가능했다. 중국은 개혁개방을 결심하자마자 1979년 미국과 공식적으로 수교했고 외자유입을 용이하게 하는 제도적 장치로 경제특구를 설치했으며, 국제통화기금(IMF)에 가입하면서 자본주의 경제질서를 수용하기 시작했다. 이것은 중국사회의 밑으로부터의 거대한 변화와 함께 시대흐름을 읽었던 지도자들의 결단이 있었기 때문에 가능했다. 특히 1992년 중국 개혁개방의 총설계사로 불렸던 덩샤오핑이 남쪽지역을 순례하면서 새로운 인식의 전환을 주문했고, 사회주의적 시장경제(socialist market economy)의 원형이 될 만한 '사회주의와 시장경제의 구별(姓社姓資論)'과 같은 논의를 통해 기존의 사회주의 이데올로기를 연성화시켰다.

개혁개방의 성취

탈(脫)냉전기 구소련을 비롯한 동유럽의 사회주의 국가들은 체제전환을 시도했고 다양한 개혁개방을 선택했다. 그러나 일부 국가는 성공했고 많은 국가는 실패했는데, 중국도 성공 사례의 하나로 볼 수 있다. 여기에는 몇 가지 요인이 있었다.

첫째, 현실에서 진리를 찾았던 실사구시(實事求是)의 전통이었다. 중국은 "현장에 답이 있다", "조사 없이 발언권 없다"는 말과 같은 서책주의(本本主義)를 버리고 철저하게 현실에서 새로운 길을 찾았다. 심지어 개혁개방 초기에는 불균형성장이라는 비판을 받으면서도 선부론(先富論)을 강조한 것도 먹고사는 문제의 해결과정에서 발전동력을 찾고자 하는 시도였다.

둘째, 정치·사회의 안정을 우선순위에 두었다. 개혁개방을 추진한 이래 '안정이 모든 것을 압도한다'는 점을 지속적으로 강조했다. 특히 중국은 문화대혁명을 겪은 이후 '전환의 마찰(transitional friction)'을 최소화할 필요가 있었다. 이러한 정치·사회 안정의 기초 위에서 효과적인 시장과 유능한 정부를 결합했다. 특히 중국정부는 외자기업과 국내자본 사이에서 균형적 역할을 수행하면서 개혁개방의 뿌리였던 해외자본을 유치하고 보호했다. 2001년 중국이 자본주의 국제질서에 스스로 편입된 의미를 지닌 세계무역기구(WTO)에 가입하기 전까지 이러한 기조는 대체로 지속되었다.

둘째, 경제발전모델의 전환이었다. 중국은 계획경제의 틀에서 벗어나 경제심리를 회복하고 활력을 강화하기 위해서는 과감한 돌파가 필요했다. 이것은 경제발전모델의 전환으로 이어졌다. 덩샤오핑이 '남순강화'(南巡談話)에서 언급한 것처럼 "전족한 여인처럼 걷지 말라"는 메시지도 바로 이러한 맥락이었다. 또한 국유기업을 개혁하고 혼합소유제를 도입해 사유재산을 보장했고, 경제 조정메커니즘을 중국 전역으로 확산시켰다. 이를 통해 계획의 자리에 '규획(規劃, regulation)'과 시장을 배치했고, 공정과 함께 효율을 강조했다. 심지어 개혁개방 초기에는 '경제를 많이 말하고 부패를 적게 말하라'는 풍조가 퍼졌고 지대추구(rent seeking) 행위가 만연했으나, 경제 활력을 위한 '필요악'이라는 유연한 인식이 있었다.

셋째, 과감한 사회정책을 통해 형성된 평균주의와 '철밥통'을 깼다. 농촌의 인민공사를 해체해 농민 자율성을 보장했고, 단위(單位)사회주의로 불렸던 사회개혁을 시도했다. 왜냐하면 개혁개방이 본격화되면서 단위체제가 약화되고 사회유동성이 높아졌기 때문에 사회의 칸막이를 걷어내지 않고서는 개혁개방의 동력을 확보하기 어려웠기 때문이었다. 물론 그 과정에서 개혁개방에서 소외된 사회적 약자집단의 어려움이 가중되었고 국가복지와 사회복지도 후퇴했으며, 도시와 농촌, 연해지역과 내륙지역 소득 격차의 확대와 같은 부작용이 나타났다.

넷째, 대외관계의 유연성이다. 개혁개방은 '가난은 사회주의가 아니다'는 현실에서 출발했기 때문에 대외정책에서도 도광양회(韜光養晦)라는 사실상 방어적 현실주의 노선을 유지했다. 중국은 미국과의 종합국력의 한계를 줄곧 인정하고 중국의 국가이익에 직접적으로 영향을 주지 않는 한, 미국이 주도하는 국제질서에 대체적으로 순응하거나 적응했다. 이것은 안정적 대외환경을 관리해 경제발전을 추진하기 위한 정책적 조치였다.

다섯째, 체제이념의 재인식이었다. 중국은 개혁개방 초기에 계몽주의를 집중적으로 수용했다. 서방의 선진 경험을 수용하기 위해서는 "중국의 것이 좋은 것이다"는 고정관념을 극복해야 했기 때문이었다. 지식계에서 '전반서화론(全般西化論)'이 한때 유행했던 배경도 여기에 있다. 또한 중국의 지도자들은 선진국에 대한 다양한 고찰을 통해 얻는 경험을 중국의 현실에 적극적으로 반영하고자 했다. 이 과정에서 채택된 '하나의 중심, 두 개의 기본 점'은 지금까지 개혁개방의 이데올로기로 자리 잡고 있다. 즉 '하나의 중심'인 경제건설은 개혁개방의 관건적 이념이었다. 따라서 덩샤오핑은 '남순강화'에서 언급한 대로 사회주의를 판단하는 기준인 '세 가지 유리점(三個有利點)', 불필요한 이념논쟁을 자제하자는 '부쟁론(不爭論)' 등을 제시하면서 사회주의 이념의 외연을 넓혔다. 이

런 점에서 중국 사회주의가 내포의 공허 또는 '휘어지지만 부러지지 않
는다'는 평가를 받기도 했다. 이러한 사회주의와 자본주의에 대한 재인
식은 선전(深圳)과 상하이에 주식시장을 열고 시장 활력을 높이는 사상적
자원이 되었다.

개혁개방의 과제

중국의 발전은 세계사에서도 유례가 없었다. 이는 '중국의 기적'으로 불
렸으며, 중국학계에서도 '중국경험', '중국모델', '중국속도', '중국의 길'
이라는 논쟁을 전개한 바 있다. 개혁개방의 결과, 경제적 성취는 물론이
고 국제적 지위와 체제에 대한 자신감도 높아졌다. 더 나아가 중국식 지
정학을 구상하기 시작했다. '일대일로' 이니셔티브와 '신형 국제관계'를
제시한 것도 이러한 인식의 결과였다. 그러나 사회주의 정치체제, 사회
주의적 시장경제, 강력한 사회시스템으로 구성된 '철의 삼각구조'로 구
성된 중국모델은 시효를 다했다는 점에서 새로운 방향을 찾아야 하는
도전과 과제에 직면했다.

　　첫째, 개혁개방의 결과, 사회의 유동성이 크게 증가했고 구조적
부패, 지대추구 행위, 특권이 만연했다. 이러한 상황에서는 시장 거버넌
스에 참여하는 행위자가 줄어들게 되고 경제정책 결정 메커니즘도 소수
에 독점되는 이른바 '소중경제시장(small market economy)' 현상이 나타난
다. 이런 점에서 개혁개방의 부정적 요소를 극복하기 위해 '견제와 균형'
이라는 새로운 중국정치모델을 모색할 필요가 있다. 개혁개방 당시 민심

을 포착하고자 했던 초심으로 돌아가야 할 필요가 있다.

둘째, 개혁개방의 강력한 추진동력을 확보하기 위해 기업가적 지방정부의 역할을 강조했고 간부평가에도 경제적 업적을 반영했다. 그러나 이러한 GDP 만능주의에 기초한 업적주의(meritocracy)는 환경 친화적이고 지속가능한 발전에 부담을 주기 시작했다. 이를 극복하기 위해 불균형성장에서 균형성장으로, 재정과 수출주도형 경제를 소비중심형 성장으로 방향을 전환하지 않을 수 없다. 물론 충분한 소비시장에 질 좋은 공급을 늘리는 "공급측 개혁(supply side economy)"을 강조하기 시작했으나, 제4차 산업혁명에 따른 과감한 산업 구조조정과 서비스·금융·환율 개방과 같은 과감한 조치를 통해 보다 규범에 입각한 국제경제 질서에 조응할 필요가 있다.

셋째, 중국공산당 제19차 전국대표대회 보고를 통해 주요 모순을 재해석했다. 과거 마오쩌둥 시기는 "계급투쟁 주요 모순"을, 덩샤오핑 시기는 "낙후된 생산력과 인민수요의 모순"이라는 생산력 주요 모순을 강조했다. 그러나 시진핑 시기에는 분배의 공정성이 약화되고 계층 격차가 크게 확대되었다. 이런 점에서 "대중의 아름다운 생활에 대한 갈수록 증가하는 욕구와 불균형적이며 불충분한 발전 간의 모순"으로 규정했다. 이런 점에서 민생보호를 가장 중요한 정책의 우선순위를 둘 필요가 있다. 대중을 잃고서는 어떠한 정치체제도 정당성을 위협받기 때문이다. 이런 점에서 원론적으로는 민생(民生)이 곧 사회주의라고도 할 수 있다. 한편 지식인 사회의 지적 자율성을 확대하고, 협애한 국가주의와 민족주의를 넘어 국제적 시선을 확보할 필요가 있다.

넷째, 중국은 문화가 융성해야 국운(國運)이 흥하고 문화가 강해 져야 민족이 강성해진다고 밝혔고, 이를 위해 문화사업과 문화산업을 강조했다. 최근 '중국가치', '중국표준', '중국보편', '중국방안', '중국정신', '중국지혜'를 강조하고 있다. 그러나 진정한 소프트파워는 내가 상대에게 일방적으로 전파하는 것이 아니라 상대가 매력을 느낄 때 강해진다. 이런 점에서 중국이 주변지역과 진정한 '민심상통(民心相通)'을 이루기 위해서도 주변지역과 대등하게 교류하는 것이 중요할 뿐 아니라, 동아시아와 세계사적 지평에 어떻게 기여할 것인가 하는 담론을 제시하고 이를 실천할 수 있어야 한다.

다섯째, 중국의 환경 거버넌스는 이미 필요조건이 아니라 필요충분조건이다. 중국공산당 제19차 전국대표대회 보고에는 '천년의 대계(大計)', '생태환경 보호를 위한 삼개삼(三個三)', 즉 3대 목표를 중심으로 3대 분야에서 두드러진 성과를 창출하며 3대 기반을 강화하고자 했다. 사실 중국이 지속가능한 발전을 위해서는 세계적 현상이 된 지구온난화에 중국식 대안을 마련해야 하고, 지금과 같은 추세라면 상하이와 베이징이 없어질 수 있다는 '불편한 진실'에도 대비할 수 있어야 한다. 즉 중국의 안정과 발전, 그리고 국제사회에서의 역할을 포함한 포괄적 환경대안을 제시하고 중국부터 실천할 필요가 있다.

개혁개방과 한반도에 대한 함의

중국이 이룬 개혁개방의 성취는 국경을 접하고 있고 사회주의의 틀 내에서 경제발전을 모색하고 있는 북한에게도 창과 거울의 역할을 했다. 특히 김정은 체제가 등장하면서 경제건설과 핵무력 건설을 동시에 추진하는 기존의 병진노선을 버리고 경제건설 집중노선을 채택했다. 중국공산당 11기 3중 전회와 유사하게 제7기 노동당 전원회의에서 비록 개혁개방이라는 용어를 사용하지는 않았지만 "당의 중점을 사회주의 경제건설에 집중"하기로 결정하면서 전략적 전환을 시도했다. 이미 북한에서는 휴대폰 580만 대, 470개의 장마당, 소비재의 빠른 국산화, 전국적 건설 붐, 주민생활의 일부 개선이 이루어지고 있다. 특히 배급체제가 무너진 상태에서 시장을 역진해 과거로 되돌아가기 어렵고, 김정은 위원장도 '업적에 의한 정당화(performance legitimacy)'를 위해 시장에 올라탈 수밖에 없는 국면이 등장했다. 물론 북한은 지정학적 여건, 국토의 규모, 경제의 규모, 비핵화 문제 등의 조건 때문에 중국식 개혁개방을 그대로 수용하기 어렵지만, 체제안정의 기초 위에서 '실험 후 확산', 점진주의와 점증주의(incrementalism)를 통해 개혁개방을 추진할 수밖에 없을 것이다. 문제는 경제가 발전할수록 정치체제가 불안해지는 '성공의 역설(irony of success)을 어떻게 극복할 것인가' 하는 점이다. 또한 북한은 한국과 중국 등에 제조업 기지를 제공하며 비교우위를 누리기보다는 제4차 산업혁명을 활용한 도약전략을 모색할 수도 있을 것이다. 왜냐하면 북한과 같은 국가 자율성이 강한 국가는 사회적 거래비용을 줄이면서 첨단산업을 육성하고 도시를 재건할 수 있는 초기 조건을 갖추고 있기 때문이다.

특별대담

중국 개혁개방과
푸동(浦東) 개발의 경험

자오치정(趙啓正)
前 중국정치협상회의 외사위원회 주임

이희옥 소장(이하 '이'):

바쁘실 텐데 저희 연구소를 찾아주시고 중국 개혁개방 40년을 주제로
한 특별대담에 응해주셔서 감사드립니다. 주임님은 중국 개혁개방의 산
증인이기도 하지만 "세계에 중국의 이야기를 들려주는" 대변인이시기도
합니다.

자오치정 주임(이하 '조'):

성균관대학교 성균중국연구소를 방문해 중국 개혁개방 40년을 주제로
대화를 나눌 수 있는 기회를 주셔서 매우 기쁘게 생각합니다. 말씀하신
대로 올해 들어, 중국 내에서는 지난 40년의 여정을 돌아보고 미래를 전
망하는 다양한 활동들이 개최되었습니다. 흥미로운 점은 성균중국연구
소가 개혁개방 40년을 주제로 국제학술대회를 개최했다는 사실입니다.
중국이 아닌 다른 나라에서 개혁개방 40년에 관한 회의를 개최하고 중국의 저명한 전문가들을 초청한 행사는 거의 보지 못한 것 같습니다. 한국이 중국 개혁개방의 여정을 중시하고 있다는 사실을 새삼 느낄 수 있었습니다.

이: 2013년에도 한국을 방문하셨는데요. 당시에 주임님께서 단장으로 대표단을 이끌고 개혁개방과 관련된 업무 차 한국에 오신 것으로 기억합니다. "중국은 31량의 객차로 연결된 거대한 열차로, 7% 이상의 속도를 유지하며 전진하면서도 고장 난 부품을 교체하고 수리해야 한다. 어느 객차 하나도 버릴 수도 없다"는 말씀이 인상적이었습니다.

조: 맞습니다. 벌써 5년이 되었네요. 중국공산당 18기 3중 전회는 중국이 새로운 개혁을 심화하는 계기가 되었습니다. 이에 중국 중련부(中聯部)의 요청으로 중국 개혁개방의 심화 방향을 소개하기 위해 한국에 왔습니다. 당시 저는 이를 "새로운 세대의 개혁개방"이라고 명명한 바 있습니다. 이번에는 제가 참여한 푸동 개발과 개혁의 경험을 통해 여러분께 개혁개방 40년을 관찰하는 또 다른 시각을 제공하고자 한국에 왔습니다. 중국을 연구하는 우수한 한국의 학자들과 함께 개혁개방의 성공과 좌절에 대해 이야기하고, 한국 친구들의 깊이 있는 평가를 들을 수 있기를 희망합니다.

개혁개방의 서막

이: 중국 개혁개방의 기점은 1978년 12월 개최된 중국공산당 제11기 3중 전회로 볼 수 있는데요. 개혁개방을 통해 중국은 각 분야에서 놀라운 발전을 실현했고, 세계가 주목할 만한 성과를 창출했습니다. 그러나 당시에는 개혁개방을 추진하는 데 있어 많은 어려움이 있었던 것으로 알고 있는데요.

조: 사실 10년에 이르는 문화대혁명 기간 동안, 중국에서는 계급투쟁을 중심에 두는 노선 때문에 경제발전이 중요한 임무가 아니었습니다. 계획경제 체제가 지속되면서 중국경제는 붕괴될 지경에 이르렀습니다. 이에 중국공산당 제11기 3중 전회에서 사업의 중심을 '경제건설'로 전환하기로 결정했죠. 대외개방과 대내개혁이 반드시 필요하고 개방을 통해 개혁을 촉진하자는 주장이 제기되었습니다. 지난 40년 동안 중국에 나타난 천지개벽할 변화는 당시의 결정이 올바른 선택이었다는 사실을 증명합니다.

이: 개혁개방의 중요한 내용은 개혁을 통해 30년 동안 지속된 고도의 계획경제를 사회주의 시장체제로 전환한다는 것이었습니다. 쉽지 않은 선택이었다고 생각합니다. 중국이 사회주의 시장경제로 나아가는 과도기가 본격적으로 시작된 셈인데요.

조: 각 시기별로 회고해 볼 필요가 있다고 생각합니다. 1978년 12월, 중

국공산당 제11기 3중 전회에서 국가의 전략중심을 사회주의 현대화 건설로 전환하기로 결정했을 때, 당시에는 시장경제가 언급되지 않았습니다. 1982년 제12차 당 대회에서 계획경제가 중심이 되고 시장의 조정이 뒷받침되어야 한다는 방침이 제시되었고, 1987년 제13차 당 대회에서는 공유제를 중심으로 다양한 소유제경제를 발전시키고 시장경제의 개혁과 전 세계를 향한 개방을 지속함으로써 경제 글로벌화에 융합되어야 한다는 방침이 제시되었습니다.

이: 중국인의 전통적인 관점에서 보면 시장경제의 도입에 대한 반대가 있을 수밖에 없었을 텐데요. 예를 들어, 천윈(陳雲)은 "시장이란 새는 계획이라는 새장 안에 있어야 한다"며 계획경제를 주창했고, 덩리췬(鄧力群)은 "자본주의로 인한 정신오염의 우려가 있다"고 비판하는 등 시장경제가 중국에 민주혁명을 초래할 것이라며 부정적인 여론이 끊이지 않았습니다.

조: 1992년 제14차 당 대회에서 덩샤오핑이 계획경제와 시장경제에 관한 날카로운 사유에 입각한 사회주의 시장경제 이론을 제시하면서, 경제체제 개혁의 목표가 사회주의 시장경제 체제의 건설로 확립되었습니다. 말씀하신대로 당시 많은 중국인들이 시장경제와 자본주의를 연계하며 개혁개방에 저항했습니다. 사회주의 시장경제의 확립은 경제체제의 전환도 이끌었지만, 다른 한편으로는 중국인의 사상적 변화까지 나타나게 했다고 볼 수 있습니다.

이: 중국은 물론 한국에서도 개혁개방과 관련된 다양한 주제가 연구되고 있습니다. 저희 연구소에서도 각 분야의 전문가들이 참여해 중국 개혁개방 40년에 관한 책인 『중국 솔루션(China Solution)』을 발간하기도 했는데요. 주임님께서 더 많은 연구가 필요하다고 생각하시는 부분이 있을 것 같습니다.

조: 중국의 개혁개방에 관한 연구에서 소홀히 하지 않아야 하는 중요한 부분이 있다고 생각하는데요. 바로 중국이 개혁개방을 추진하기 위한 인재를 준비했다는 점입니다. 1976년 문화대혁명이 끝나면서 기존의 인적자원이 매우 부족한 상황에 직면했습니다. 그래서 오랫동안 관직생활을 한 간부들을 복직시킬 수밖에 없었습니다. 그러나 간부들의 노쇠화와 낡은 지식구조라는 문제가 두드러지기 시작했고, 이로 인해 간부의 청년화와 간부제도의 개혁이 시급한 임무가 되었습니다.

이: 덩샤오핑이 간부의 "혁명화, 청년화, 지식화, 전문화", 선발의 "제도화"가 필요하다고 역설한 것과 같은 맥락이군요.

조: 1977년 9월, 중국은 대입시험을 재개했습니다. 덩샤오핑의 발언 이후, 그러니까 1980년대 초부터 상하이 시도 수많은 우수한 젊은이들을 선발했는데요. 이들에게 국내외 교육기회를 제공함으로써 각 분야에서 필요한 인재의 수급을 지원했습니다. 저 역시 이 시기에 공정

사(工程師)라는 직위로 상하이 시의 지도층에 선발되어 수년 동안 상하이 시의 인재 양성 및 관리 업무를 담당했습니다. 인재의 선발과 양성이 개혁개방에 얼마나 중요한 역할을 했는지 몸소 체감했죠. 만약 충분한 인재가 준비되지 못했다면 중국의 개혁개방은 이렇게 순조롭지 않았을 것입니다.

푸동 개발의 역사적 첫 페이지를 넘기며

이: 중국은 각 지역의 발전수준이 다르기 때문에 동시에 중대한 개혁을 진행하기는 쉽지 않죠. 1980년 선전(深圳)을 시작으로, 주하이(珠海), 산터우(汕頭), 샤먼(廈門)을 경제특구로 지정한 후, 1984년에는 상하이 등 동남부 14개 연안도시를 순차적으로 개방하는 정책 노선도 이러한 이유 때문이라고 생각하는데요.

조: 개혁의 구상은 담대함이 필요하지만 이를 시행할 때에는 신중해야 합니다. 대담함과 신중함이 결합되어야 하죠. 중국의 속담에는 "돌다리도 만져보고 건너라"는 표현이 있습니다. 지적하신대로 중국은 각 지역의 발전수준이 상당한 격차가 나타납니다. 그래서 일부 지역을 선정해 선제적으로 시험해보고, 성공하면 이를 복제하여 확산했습니다. 중국의 첫 번째 특구는 선전 등 4개 지역이었습니다. 선전은 원래 홍콩에 인접한 작은 어촌이었기 때문에 여기에서 시험을 진행해도 큰 리스크는 없었습니다. 선전의 천연적인 우위는 홍콩 자본의 투입

이 쉽다는 점이었습니다. 게다가 전국 각 지역에서 온 사람들이 선전에서 생활하며 다양한 문화를 융합해 왔습니다. 이에 선전 사람들도 과감하게 혁신이라는 시대정신을 수용했습니다.

이: 최근 광동성정부 산하 웨강아오-대만구(粤港澳臺灣區) 연구원이 발표한 보고서에 따르면 선전이 중국에서 가장 비즈니스하기 좋은 도시로 선정되었는데요. 중국에서 유일하게 기업인이 300만 명이 넘고, 주민의 1/4이 기업인이라는 결과가 나왔습니다. 베이징이나 상하이의 2배에 이르는 수치인데요. 주임님의 말씀을 들어보니, 하루에 1,500건의 창업과 50개의 특허가 쏟아지는 도시로 거듭날 수 있었던 배경이 무엇이었는지 이해가 됐습니다. 선전에 비해 상하이는 조금 늦게 개방이 시작되었습니다.

조: 신중국 성립 이후로 보면, 상하이 시는 중국 재정수입을 가장 많이 부담해 왔습니다. 만약 상하이의 개혁에 문제가 발생하면, 전국의 재정은 커다란 영향을 받게 되는 구조가 형성되었죠. 선전에서의 성공 이후, 중국정부는 비로소 1990년에 푸동 개발계획을 선포했고, 1993년 1월에 푸동신구가 설립되었습니다.

이: 주임님께서 당시 상하이 시 부시장과 푸동신구 관리위원회의 주임을 겸직하며 푸동의 계획과 건설을 담당하신 것으로 알고 있습니다. 푸동 개발 역사의 첫 번째 페이지를 어떻게 넘기셨는지 궁금합니다.

조: 푸동 개발의 목표는 상하이의 발전을 전 세계와 연결하는 것이었습니다. 이에 푸동신구 주임으로 임명된 이후 제가 가장 먼저 해야 할 일은 전 세계에 푸동신구의 '존재감'을 알리는 일이었죠. 전 세계에 중국 지도에도 없는 푸동을 알리는 것이었습니다. 그 전까지 푸동은 상하이 황푸강 동부의 대지를 가리키는 호칭에 불과했습니다. 저는 더 많은 사람들이 푸동을 알고, 푸동 개발이 전 세계가 공유할 수 있는 기회라는 사실을 알리고자 노력했습니다.

이: 한 지역이 개발되고 발전하기 위해서는 많은 투자가 유치되어야 하는데요. 어떻게 투자자들의 관심을 유도하셨나요?

조: 저는 아시아태평양 지역에는 하나의 경제회랑이 있다고 생각합니다. 이 회랑은 도쿄에서 시작해 서울, 상하이, 대만, 홍콩, 싱가포르로 이어지고, 마지막에 스리랑카의 콜롬보에 이릅니다. 푸동은 이 경제회랑의 중간지점에 위치해 있죠. 따라서 푸동에 투자하면 북쪽으로는 일본, 한국과 연결되고, 남쪽으로는 동남아시아 각국과 연결할 수 있습니다. 이러한 생각을 투자자들에 전달했고, 저와 투자자들 사이에 공감대가 형성되면서 수많은 투자를 유치할 수 있었습니다.

이: 매우 전략적 사고를 하셨군요. 초대 책임자로서 푸동의 발전을 위한 구체적인 목표나 지향점이 있으셨을 것 같은데요.

조: 국제사회의 정치적 대화는 각국의 수도를 통해 진행되는 반면, 경제 대화는 가장 큰 도시, 혹은 한두 개의 경제도시를 통해 진행됩니다. 그러나 중국에는 런던, 뉴욕, 파리, 도쿄와 같은 국제적인 금융의 중심지나 경제도시가 없었습니다. 상하이는 중국에서 국제적인 경제도시가 될 수 있는 가능성이 가장 큰 도시임에도 불구하고, 인프라나 산업구조, 주거 환경은 현저히 낙후되어 있었습니다. 저희는 푸동 개발이 상하이의 진흥에 거대한 기회라는 점을 알고 있었고, 상하이가 전 세계를 마주하는 국제적인 대도시가 되어 중국이 전 세계 경제에 참여할 수 있는 효율적인 교류의 허브가 될 수 있다고 생각했습니다.

이: 푸동 개발은 기존 공업경제의 시장화 개혁이라는 의미도 있지만 상하이의 공업중심적인 산업구조를 다른 분야, 즉 금융이나 경제로 전환하겠다는 의지도 있었습니다. 상하이 시 시장과 공산당위원회 서기였던 주룽지(朱鎔基)와 황쥐(黃菊)도 이를 현실화하기 위한 자문단을 구성하기도 했었죠. 그럼에도 불구하고 푸동 개발에 대한 서방의 인식은 그다지 호의적이지 않았지 않았습니까?

조: 대다수의 여론이 푸동 개발에 대해 그저 구호일 뿐, 행동할 수 없다고 인식했습니다. 서방의 한 언론은 심지어 푸동 개발을 "포템킨 마을(Potemkin village)"과 같은 속임수라고 비난했습니다. 이후 푸동 개발의 진전이 나타나자 미국 언론에서는 생각지도 못한 의문을 제기했습니다. 예를 들어, 〈보스턴 글로브〉(The Boston Globe)는 "중국은 미

국을 위협할 수 있는가?"라는 제목의 기사를 보도했습니다. 푸동 개발을 전 세계 다른 지역의 개발과 비교해 보면, 시작부터 국제사회에 많은 의문과 불신에 직면했었고, 기술양도는 더욱 냉혹했습니다. 오늘날 푸동 개발의 성공, 즉 "푸동의 기적"에는 푸동을 개발한 이들의 노고와 지혜가 있었습니다. 이는 중국 특색 사회주의 제도의 잠재력이 반영된 것이라 할 수 있습니다.

푸동 개발의 "배후효과"에 주목하는 이유

이: 푸동 개발을 통해 다양한 성과가 나타났습니다. 대표적인 성과는 물론 경제의 발전인데요. 주임님께서 푸동 개발의 성과를 "표면적 성과"와 "배후효과"로 구분해 분석하신 부분이 인상적입니다. 구체적인 설명을 듣고 싶은데요.

조: 푸동은 중국 개혁개방이라는 거시적인 환경에서 나타난 수많은 도시들의 경쟁적인 발전을 담은 축소판입니다. 각 지역이나 도시가 가진 자원적인 조건은 모두 다르지만 발전 과정에서는 푸동과 같이 다양한 "표면적 성과"와 "배후효과"가 나타났습니다. "표면적 성과"는 눈으로 확인할 수 있거나 데이터를 통해 나타낼 수 있는 성과를 의미합니다. 반면 "배후효과"는 수치화하기 어려운 성과인데, 사상적으로나 체험적으로 증명이 되는 성과라고 이해하시면 될 것 같습니다. "표면적 성과"는 전 세계의 이목을 끌기에 충분합니다. 그러나 잘 드러나

지 않는 "배후효과"에 대해서는 사람들이 소홀하게 생각하는 경향이 있습니다.

이: 두 마리 토끼를 모두 잡는다는 의미에서 보면, 덩샤오핑의 "두 손에 틀어쥐자, 두 손 모두 단단해야 한다(兩手抓, 兩手都要硬)"는 사상이 떠올랐습니다. 물질문명과 정신문명, 개혁개방과 사회주의 현대화 건설을 모두 중시하는 사상에 부합하는 의미로 해석됩니다.

조: 눈에 확연히 드러나는 "표면적 성과"는 루자쭈이(陸家嘴)의 우뚝 솟은 마천루와 아름다운 스카이라인으로 대변할 수 있겠죠. 간단한 데이터로도 설명이 가능합니다. 예를 들어, 1990년 불변가격을 기준으로 2007년 푸동의 경제규모는 1990년 상하이 경제 규모의 1.7배에 이르렀습니다. 당시 푸동은 상하이 GDP의 30%, 세수의 25%, 수출입 무역의 60%, 계약자금의 70% 등을 차지했습니다. "배후효과"도 많습니다. 예를 들어, 지구본 앞에 서서 푸동 개발을 생각해 보면, 푸동 개발의 목표는 세계적인 경제도시를 만드는 것이었습니다. 때문에 푸동을 계획하는 이들은 국제적인 시각과 사고를 가져야 했고, 이를 실천에 옮겼습니다. 개발 과정에서 세계의 자금과 기술을 받아들이는 것도 중요하지만 세계의 지혜를 받아들이는 것 또한 중요하다는 생각의 전환도 "배후효과"에 포함된다고 할 수 있습니다.

이: 푸동 개발을 통해 상하이는 물론 중국이 얻은 성과는 대단합니다. 그

러나 일반적으로 고속 성장의 이면에는 다양한 부작용을 동반하기 마련인데요. 이를 어떻게 극복하셨는지도 궁금합니다.

조: 푸동 개발을 도시건설 계획으로만 생각하기 쉽지만 사실 푸동 개발은 사회의 개발, 즉 사회의 전면적인 진보를 실현하기 위한 노력이 병행된 개발이었습니다. 푸동 개발을 통해 고속 성장을 실현하고, 이로 창출된 경제적 효과를 대중들과 함께 나누고자 노력했습니다. 그래서 특히 병원과 학교의 건설을 중시했고, 토지를 잃은 농민들의 교육과 재취업에 관심을 가지며 이들이 빠른 도시화로 인해 적응하기 어려운 문제들을 극복할 수 있도록 지원했습니다.

이: 외부의 시각에서 보면, 거시적인 계획일수록 외부의 개입이 증대되고, 이로 인해 원래의 계획이 틀어지는 상황이 빈번하게 발생하곤 합니다. 정책 결정 과정에 참여하신 주임님도 이러한 고민을 하셨을 것으로 생각되는데요.

조: 저 역시 많은 고민을 했습니다. 저희가 생각한 방법은 법규와 규획을 선행하고, 형태적 개발을 통해 기능적 개발을 지원하는 것이었습니다. 먼저, 법규와 규획의 선행은 건설 과정에서 나타나는 임의성을 방지할 수 있습니다. 푸동 건설 규획의 경우, 상하이 시 인민대표대회의 심의를 거쳐 확정함으로써 임의적인 계획 변경이 불가능하도록 조치했고, 투자 유치에 관한 다양한 법률과 법규를 수립했습니다. 키

신저는 푸동의 최대 수확은 "높은 빌딩과 공장이 아니라 양호한 공적관계의 확보"라고 언급한 바 있습니다. 즉 푸동 개발 과정에서 투자자들의 신임을 얻었다는 의미입니다. 법규와 규획이 선행됨으로써 신뢰를 보장받았습니다. 또한 건설 계획을 수립할 때, 우리는 사업이 어떠한 사회적 기능을 가지는지를 기반으로 푸동을 디자인하고 건설했습니다. 형태적 개발이 기능적 개발을 지원한 셈입니다.

이: 푸동에는 국제금융무역구, 수출가공구, 보세구역, 하이테크산업구, 현대농업개발구가 개발되고 있는데요. 국제금융무역구는 항상 관심의 대상이 되었고, 최근에는 외국자본과 연구개발(R&D)산업을 유치하고 있는 하이테크산업구가 주목받고 있습니다. 이러한 특색 있는 산업구의 조성도 과거로부터 이어진 계획의 연속성으로 볼 수 있을까요?

조: 푸동 개발 초기, 우리는 인프라, 금융과 첨단기술이 선행되어야 한다는 생각을 가지고 부지 선정과 자금 지원에서도 이 세 가지 분야를 우선적으로 고려했습니다. 많은 투자자들이 전통적인 업종에 대한 투자 의사를 표시했지만 우리는 단호하게 거절했습니다. 특히 "토지를 금과 같이 소중히 인식"하며 규획에 의거해 엄격하게 토지를 사용했습니다. 푸동은 토지 가격뿐만 아니라 건설 투자비용도 비쌌습니다. 투자 밀도, 효과와 이익을 중시하여 첨단기술을 이용하는 공장과 현대화된 빌딩에 대한 투자만이 승인을 받기 쉬웠습니다. 푸동은 전

국에서 가장 먼저 건설면적 가격으로 토지를 양도한 지역 중 하나이자 평방미터(㎡)를 단위로 가격을 산정했습니다. 높은 토지 가격은 당연히 많은 투자자들을 도망가게 만들었지만 푸동에 필요한 산업 프로젝트들만 남길 수 있게 되었죠.

이: 특색 있는 산업구뿐만 아니라 증권거래소, 선물거래소, 외환거래센터, 지식재산권거래소 등 요소시장이 선제적으로 조성된 것도 푸동에 대한 투자를 증대시킨 계기가 되었을 것으로 짐작되는데요.

조: 양호한 투자환경 조성을 위해 노력했던 기억이 납니다. 사실 청렴하고 근면한 정부 역시 중요한 투자환경입니다. 이에 푸동은 행정기구의 간소화를 우선적으로 추진한 후, 인력의 정예화를 도모했습니다. 규획, 재정, 사회보장체계, 교육 등 정부의 관리가 반드시 필요한 부문만을 추려냈고, 이외의 부문들, 예를 들어 투자 컨설팅, 인재 소개소, 업종 규정 등은 사회와 시장으로 이양했습니다. 푸동 개발은 줄곧 중대한 건설 사업이 뒤따랐고, 이는 부정부패가 발생하기 쉬운 분야입니다. 따라서 푸동신구관리기구가 설립된 이후 우리는 청렴한 정부도 중요한 투자환경임을 명확하게 했습니다.

이: 구체적으로 어떠한 규정들이 있었는지 소개를 부탁드립니다.

조: 예를 들어, 푸동신구는 세 가지 불허규정을 수립했습니다. 지도간부

는 토지가격을 직접적으로 말할 수 없고, 경쟁 입찰에 관여할 수 없으며, 건물의 철거나 재건 등에 관한 사적인 일을 다른 사람에게 알릴 수 없도록 했습니다. 심지어 세세한 사안까지 신경 썼습니다. 재미있는 일화가 있는데요. 과거 투자유치 홍보수첩에는 "푸동에서 일을 처리할 때에는 다른 사람을 대접하거나 선물을 줄 필요가 없다"고 표기되어 있었습니다.

중국 개혁개방의 미래와 북한에 주는 함의

이: 최근 중국정부가 대외개방을 중시하며 하이난(海南)과 함께 상하이의 역할이 더욱 중요해질 것이라는 전망이 우세합니다. 하이난이 자유무역항으로 선정되고, 상하이의 일부 보세구가 자유무역항으로 전환되면서 이러한 주장에 힘이 실리고 있습니다.

조: 최근 중앙정부는 상하이에 다음과 같은 세 가지 임무를 부여했습니다. 먼저, 푸동에 중국(상하이)자유무역시험구의 신규 부지를 확대했는데요. 그 목적은 상하이가 투자와 무역의 대담하고 혁신적인 자유화 및 간소화가 추진할 수 있도록 장려하고 지원함으로써 전국으로 확산시킬 수 있는 경험을 축적하라는 의미입니다. 다음으로 푸동에 위치한 상하이증권거래소에 커촹반(科創板, 미국 나스닥과 같이 기술 경쟁력을 갖춘 벤처기업과 스타트업이 상장할 수 있는 장외시장)을 설립하고 등록제를 시범적으로 운용하기로 결정했는데요. 상하이를 국제금융의 중심이

자 과학기술 혁신의 중심으로 조성하기 위해 자본시장의 기본적인 제도를 개선하라는 임무라고 볼 수 있습니다. 마지막으로, 상하이를 중심으로 하는 장강삼각주 지역일체화 발전을 지원하고 이를 국가전략으로 격상하기로 결정했습니다.

이: 1992년 중국공산당 제14차 당 대회 보고에는 "푸동 개발과 개방을 선두로, 장강 연안도시를 더욱 개방하고, 상하이를 글로벌 경제, 금융, 무역의 중심 중 하나로 조속히 발전시킴으로써 장강 삼각주와 장강 유역 전체 경제에 새로운 도약을 이끈다"고 명시되어 있습니다.

조: 맞습니다. 그 내용의 연장선상에 있는 임무입니다. 현대화된 경제체계를 구축하여 더욱 높은 수준으로 개혁을 심화하고 더욱 높은 단계의 대외개방을 추진하기 위해서입니다. 상하이 자유무역시험구도 일대일로, 징진지 협동발전, 장강경제벨트 발전, 웨강아오-대만구 건설 등과 함께 중국 개혁개방의 공간구도를 완벽하게 구축하는 데 일조하라는 임무로 해석할 수 있습니다.

이: 2013년 18기 3중 전회에서 개혁의 전면 심화가 제기되고 전면적인 개혁방안이 계획되면서 중국이 두 번째 개혁개방의 시대를 본격적으로 열어 나갈 것이라는 평가가 있습니다. 향후 개혁개방의 방향성에 대한 주임님의 생각이 궁금합니다.

조: 결과적으로 말씀드리면, 중국은 더욱 더 개혁을 심화하고 개방을 확대할 것입니다. 18차 당 대회 이후, 중국이 새로운 시대에 진입하며 개혁개방도 중요한 시기를 맞이했습니다. 특히 부정부패, 환경, 사회의 분배, 경제구조, 국유기업의 개혁, 정부와 시장관계 등 오랫동안 존재해 온 중요한 문제들이 상호 결합하며 해결하기 쉽지 않은 문제로 부상했습니다. 이러한 문제를 해결하기 위해서는 반드시 개혁을 심화해야 합니다. 지혜뿐만 아니라 굳은 결심과 의지가 필요합니다.

이: 18차 당 대회 이후 강경한 부패 척결, 정부의 간소화와 권한 이양, 빈곤 탈피와 오염 방지 등과 같은 조치도 말씀하신 의지가 반영된 것이라고 생각됩니다만.

조: 2017년 19차 당 대회에서도 중국 사회의 주요 모순이 인민들의 나날이 증가하는 아름다운 생활에 대한 요구와 불평등하고 불충분한 발전 사이의 모순으로 전환되었다고 지적되었습니다. 개혁의 전면 심화를 통해서만이 비로소 사회의 주요 모순을 해결할 수 있고, 인민들의 아름다운 생활이라는 "중국의 꿈"을 실현할 수 있습니다. 한 가지 강조하고 싶은 점은, 최근 글로벌 경제가 회복할 조짐을 보이지 않고 역(逆)세계화나 보호무역주의가 대두되면서 일부 국가는 물론 WTO에서도 관세라는 방망이를 휘두르며 무역 문제를 해결하고자 하고 있습니다. 그러나 중국은 보호무역주의의 길을 걷지 않을 것이고 글로벌화을 굳건히 추진할 것이며 개방의 문호를 점차 확대할 것입니다.

이: 시진핑 주석도 보아오(博鰲)아시아포럼이나 하이난성 경제특구 30주년 기념식 등에서 개방의 중요성을 강조했죠. 이러한 개방 확대가 미중 무역 전쟁의 결과라는 주장도 있습니다. 미중 무역 전쟁으로 인해 신(新)냉전에 대한 우려의 목소리가 높아지고 있는데요. 주임님은 어떻게 생각하는지 궁금합니다.

조: 결론부터 말씀드리면 미중 간 신 냉전은 발생하지 않을 것이라고 봅니다. 양국 모두 자국의 피해가 상대방의 피해보다 클 수 있다고 생각하기 때문에 냉전을 초래할 내부의 요구도, 동력도 없습니다. 중국은 그렇게 어리석지 않습니다. 과거 냉전 시기에 미국과 러시아는 기본적으로 무역도, 교류도 없었습니다. 경제적인 상호의존성도 없었고 문화적, 인적 교류도 없었다는 의미입니다. 그러나 현재의 중국과 미국은 그렇지 않죠. 양국 모두 각자의 이익을 고려할 수밖에 없기 때문에 지금의 무역마찰도 타결될 것으로 전망합니다.

이: 무역마찰의 원인을 첨단산업을 둘러싼 기술 개발과 표준 경쟁으로 보는 시각이 우세한데요. 이러한 미국의 강력한 견제와 압박에 중국은 어떻게 대응하고 있나요?

조: 새로운 현상은 아닙니다. 지금까지 줄곧 이어져 왔습니다. 중국에 대해서는 특히 엄격한 측면이 없지 않아요. 중국이 빠르게 추격할 가능성이 크고, 실제로 빠르게 미국을 추격해 왔습니다. 미국도 자신들의

견제로 중국의 기술개발 속도를 늦출 수 있지만 중국을 막지 못한다는 사실을 알고 있을 것입니다. 사실 기술 개발은 자체적인 역량 강화도 중요하지만 국제적인 교류도 매우 중요합니다. 과거 중국은, 예를 들어 핵이나 우주항공 분야에서 어느 나라의 도움도 받지 못해 스스로 기술을 개발했지만 쉽지 않다는 사실을 깨달았습니다. 그렇기 때문에 외국과의 교류를 원하고 필요성을 절감하고 있습니다.

이: 주임님께서는 개혁개방에 관련된 많은 경험을 축적하고 계십니다. 북한이 사회주의 경제건설 노선을 통해 개혁개방을 추진할 것이라는 견해가 있고, 다양한 선택지가 놓여 있는데요. 개혁개방을 통해 성과를 창출한 중국의 입장에서 북한이 참고할 만한 것들이 있을 텐데요.

조: 만약 북한 친구가 오면 저는 중국의 이야기를 전해주고 싶습니다. 세계가 발전하는 가운데 어떤 국가가 개혁을 추구하지 않을까요? 개혁은 결코 자기부정이 아닙니다. 시대가 변하면, 거기에 맞게 스스로도 변해야 하는 것이지요. 따라서 개혁은 반드시 필요합니다. 북한도 개혁을 할 것입니다. 다만 우리가 할 일은 북한이 개혁을 할 수 있는 외부환경을 제공하는 것입니다. 지금 북한은 매우 고립되어 있죠. 안보에 위협을 느껴 핵을 개발한 것인데, 안보 위협이 없는 외부환경이 조성된다면 자연적으로 더 많은 역량을 경제로 돌릴 것입니다. 따라서 북한에게 무언가를 제안하기보다는 더욱 양호한 외부환경을 만들

어 주는 것이 유익하다고 생각합니다.

이: 오랜 시간 인터뷰에 응해주셔서 감사드립니다. 마지막으로 한국의 독자들에게 한 말씀 부탁드립니다.

조: 중국과 한국은 1992년 수교를 체결했습니다. 푸동 개발도 이때 본격적으로 시작되었습니다. 오늘날의 푸동은 '한강의 기적'에 필적할 만한 '푸동의 기적'이 되었습니다. 지난 20여 년 동안의 한국과 중국의 무역관계가 발전한 것과 같이, 기적적으로 앞을 향해 나아가고 있습니다. 이미 중국과 한국은 긴밀한 무역 파트너가 되었고, 중한 무역은 양국의 수많은 국민들에게 행복을 안겨주었습니다. 중국의 개혁개방이 없었다면 푸동이 이렇게 발전할 수 있을 것이라고, 그리고 양국 관계가 이렇게 밀접해질 수 있을 것이라고 상상하기 어려웠을 것입니다. 앞으로도 중국은 지속적으로 개혁개방의 길을 향해 나아가며 중국 인민들의 생활에 더 많은 행복을 안겨 주고자 합니다. 그리고 이들의 아름다운 생활에 대한 요구에는 한국으로부터 오는 많은 우수한 제품들과 서비스가 분명히 포함되어 있을 것이라고 생각합니다. 감사합니다.

경제

중국 개혁개방의 전략적 선택

장웨이웨이(張維為)
푸단(復旦)대학교 중국연구원 원장

짧은 40년의 개혁개방으로, 중국의 모습은 천지가 개벽할 정도로 달라졌다. 3,679억 위안이었던 중국의 GDP는 2017년 82.7조 위안으로 증가했고, 연평균 성장률은 9.5%를 유지했다. 같은 기간, 중국의 GDP가 세계 GDP에서 차지하는 비중은 1.8%에서 15.2%까지 증가했다.[1] 수십 년 동안 쉬지 않고 노력한 끝에, 인류 역사상 최초로 사회주의 국가가 빈곤하고 낙후되었던 국가에서 일약 세계 최대의 경제주체(PPP 기준)가 된 것이다. 중국은 세계에서 가장 많은 빈곤을 퇴치했고 세계에서 가장 완벽한 산업체인을 구축했다. 세계 최대의 중산층을 만들어냈고 전 세계로 가장 많은 관광객을 보내고 있으며 세계 경제성장의 가장 큰 견인차가 되었다. 비록 수준은 여전히 고르지 않지만 미국도 아직 해내지 못한 전 국민의 기본적인 의료보험과 양로를 실현했다. 중국은 지금도 여전히 세계 1위의 제조업국가이며 세계 제1의 상품무역 국가이자 세계 제1의 외환 보유국이다.

이러한 성공은 어떻게 이루어진 것인가? 어떤 이는 이에 대한 해답을 저렴한 노동력에서 찾는다. 전 세계에는 중국보다 저렴한 노동력을 가진 국가가 많지만 대부분 성공하지 못했다. 어떤 이는 중국이 대량의 해외투자에 의존했고, 중국의 굴기는 외자의 공헌 덕분이라고 말한다. 그러나 외자를 유치하고 이용하려면 본래 좋은 제도적 장치가 필요한 법이다. 국민 1인당 평균으로 계산해 외자를 가장 많이 유치한 국가는 중국이 아니라 동유럽 국가들이다. 어떤 이는 중국이 권위주의에 의존하였다고 말한다. 서방의 정의에 따르면, 전 세계에 권위주의 국가는 많지만, 중국과 같이 기적을 만들어낸 국가는 많지 않다. 위대한 중국의 굴기 과정을 되돌아보면, 중국은 도대체 무엇을 잘 한 것일까?

이 질문에 답하려면, 중국의 주요 지도자 중 한 명인 덩샤오핑(鄧小平)이 중국의 개혁개방 과정에서 추진한 주요한 전략적 선택들을 살펴보고, 이러한 선택을 다른 국가들의 선택과 비교해 볼 필요가 있다. 특히 개발도상국, 전환경제국가와 서방국가의 선택을 수평적으로 비교해 보면, 비교적 신중한 결론을 도출할 수 있다.

개발도상국과의 비교

지난 수십 년, 개발도상국은 대체로 두 가지 종류의 개발모델을 채택하였다. 첫째는 서방을 그대로 답습하는 모델이다. 특히 필리핀 등 여러 국가들의 경우 서방의 정치 및 경제제도를 거의 그대로 모방하였다. 또 다른 모델은 서방을 모두 부정하는 모델로, 베네수엘라 같은 많은 국가들이 민족주의의 기치를 내걸며 서방과 단절하는 길을 걸었다. 그러나 두 모델의 효과는 그다지 좋지 않았다. 서방을 그대로 따라했던 국가들 다수는 정치조직의 효과가 좋지 않아, 부락, 종족, 종교적 갈등이 격화되었으며 국민의 생활이 장기적으로 개선되지 못했다. 몇몇 국가는 혼란에 빠지지 않았지만 국가의 공업화와 현대화를 실현할 힘이 없었다. 그리고 서방을 전면 부정한 국가들 대부분은 포퓰리즘의 범람, 자금, 시장 및 기술의 결핍, 민생고의 문제를 겪게 되었다.

이런 두 가지 모델과 달리, 덩샤오핑은 개혁개방 초기부터 이익은 추구하면서 손해는 피하는 모델을 찾고자 했다. 덩샤오핑은 인류문명에서 유익한 모든 것을 배우고 따르면서도, 그 과정에서 자신을 포기해서는 안 된다고 주장했다. 1988년 5월, 한 아프리카 국가의 대통령이 베이징을 방문해 중국이 개혁개방에서 겪은 주요한 경험들을 듣고자 했을 때, 덩샤오핑은 두 가지를 강조했다. 첫째, "국가를 건설하려면 자국을 폐쇄적이고 고립된 상태로 두어서는 안 되고, 여러 국가들과 교류하는 것을 중시해야 하며, 누구와도 교류해야 하지만, 교류하는 과정에서 이익은 추구하고 손해는 피해야 한다." 간단히 말하자면, 쇄국을 해서는 안 되고 세계화를 거절해서는 안 되지만 개방하면서도 자신을 지키고 이익을 추구하면서도 손해는 피해야 한다는 것이다. 둘째, "사상의 해방, 사고의 독립, 그리고 자신의 현실로부터 출발하여 정책을 결정해야 한다. 경제문제도 그렇고, 정치문제도 그렇다."[2]

덩샤오핑은 또 다른 장소에서 다음과 같이 말했다. "중국이 완전한 서구화를 하고 자본주의를 행하면 '4개 현대화'는 결코 실현시킬 수 없다. 중국은 10억 인구의 빈곤문제와 함께 10억 인구의 발전문제를 해결해야 한다. 만일 자본주의를 행하면 소수는 부유해질 수 있지만 많은 사람들은 장기적으로 빈곤상태에 처하며 혁명이 발생할 수 있다."[3]

최근 서방의 주요 국가들이 추진한 세계화를 돌이켜보면, 이는 본질적으로 신자유주의적 세계화로 정치적·경제적으로 소위 "자유화, 사유화, 시장화, 민주화" 등을 내용으로 한다. 중국의 지도자들, 덩샤오핑부터 장쩌민, 후진타오, 시진핑에 이르기까지 모두 경제 세계화는 역사적 대세이므로 중국은 그 대세를 따라야 한다고 인식했다. 그러나 이러한 세계화는 "양날의 검"이기 때문에 제대로 처리해야만 인민에게 복지를 가져올 수 있으며, 제대로 처리하지 못하면 재난을 가져다 줄 수 있기 때문에 대외개방의 과정에서 이익은 추구하면서도 손해는 피하는 전략을 채택해야 한다고 인식했다.

중국은 세계화를 정치적 세계화가 아닌 경제적 세계화로 규정한다. 중국은 사회주의를 포기하지 않을 뿐만 아니라, 사회주의의 장점을 이용하여 서방 주도의 신자유주의 세계화를 통제함으로써 결국은 자본주의를 뛰어넘을 것이다. 이를 위해 중국은 세계화 과정에서 두각을 나타내는 동시에 절대 다수의 중국 인민들이 세계화의 수혜자가 되도록 해야 한다.

이에 비해, 여러 개발도상국은 세계화를 받아들였지만 오히려 연달아 위기를 겪었다. 이들은 외자를 "이용"한 것이 아니라 국가 전체의 경제적 흐름이 외국자본에 의해 통제되었고, 심지어는 국민의 재산이 월스트리트의 포식자들에 의해 약탈당했다.[4]

전환경제국가와의 비교

전환경제국가 또는 사회주의국가는 주로 두 가지 개혁모델을 채택하였다. "급진적 개혁모델"과 "보수적 개혁모델"이다. 전자의 특징은 "쌍충격요법"으로, 즉 서방의 정치모델을 모델로 삼아 한 번에 일당제를 다당제로 바꾸고, 서방의 경제학교과서를 모델로 삼아 하룻밤에 소위 경제자유화와 사유화를 완성시킨 것이다. "쌍충격요법"의 결과는 재앙에 가까웠다. 소련의 지도자였던 고르바초프가 이러한 모델을 선택하였는데, 결과적으로 소련은 급격하게 해체되었고 경제가 전반적으로 붕괴되었으며 인민의 생활수준이 급격하게 하락하였다.

"보수적 개혁모델"은 정치적, 경제적으로 기존의 체제를 유지하고 계획경제를 위주로 하며 극도로 제한적인 시장의 규제를 허용하는 모델이다. 이러한 국가들은 시장경제, 세계화, 그리고 인터넷에 대한 두려움에서 벗어나지 못한 채, 진정으로 글로벌 경쟁력을 갖춘 경제체제와 정치체제를 구축하지 못했고 인민의 생활수준 역시 제한적으로 개선되었다. 카스트로 통치하의 쿠바가 바로 이러한 상황이었다.[5]

중국은 이 두 가지 선택을 피하고, 자신의 국가정세에 맞는 일종의 "온건한 개혁모델"을 선택하였다. 1987년 10월, 헝가리 사회주의 노동당 총서기 카다르(Kádár János)가 방중하여 덩샤오핑을 회견했다. 당시 동유럽과 소련의 동요가 이미 나타나기 시작했는데, 덩샤오핑은 서방의 방식을 그대로 따라하지 말고, 그렇다고 다른 사회주의 국가의 방식도 그대로 따라하지 말며 자신의 제도적 우월성을 버리지 말라고 충고했다.[6] 카다르 본인은 덩샤오핑의 견해에 찬성했지만, 그의 당내 동료들은 이러한 견해에 반대했다. 카다르는 헝가리가 "철저한 정치개혁"을 통해 "민주사회주의의 실험실"이 되어야 한다고 주장했지만, 카다르의 주장은 묵살되었다. 헝가리는 정치와 경제의 "쌍충격요법"을 감행한 결과, 결국 심각한 후폭풍을 맞이하게 되었다.

지금 보면, 덩샤오핑이 당시 카다르에게 언급한 세 가지 의견이 바로 "중국모델은 과연 무엇인가"에 대한 좋은 요약이다. 서방을 그대로 따라하지 말고, 그렇다고 다른 사회주의 국가들을 그대로 따라하지도 말며, 자신의 우수성을 포기하지 마라. 이러한 "삼불(三不)" 정책을 기초로 대담하게 체제 혁신을 모색하고 대담하게 타인의 장점을 배우며 거울로 삼은 동시에, 자신의 장점을 발휘하고 조금씩 자신의 발전모델을 만들었다. 덩샤오핑이 추진한 것이 바로 "온건한 개혁모델"이며, 가장 큰 특징은 대규모 경제개혁이었다. 경제개혁에 필요한 정치개혁을 보완하고 경제개혁을 위한 길을 닦으며 마지막으로 민생을 눈에 띄게 개선시켰다. 이 경제개혁을 예로, 중국은 서방 시장경제의 장점을 거울로 삼고 시장의 자원지배 효율성을 활용하였지만, 거시적 평형이라는 사회주의의 장점도 수용했다. 그 결과 중국은 세계에서 유일하게 금융위기와 경제위기에 빠지지 않은, 인민의 생활수준이 대대적으로 향상된 주요한 경제주체가 되었으며, 현재는 전 세계 4차 산업혁명의 최전선에 서게 되었다.

서방국가와의 비교

서방국가들이 지난 수십 년간 전 세계를 향해 가장 많이 내세운 것이 바로 민주화와 시장화인데, 이는 "민주 근본주의"와 "시장 근본주의"라고도 부를 수 있다. 서방은 다른 국가를 꼬드기는 일을 많이 했는데, 그 결과 서방 자신도 그것들을 정말로 믿게 되었고, 자신도 같이 속아 넘어갔다. 또한 서방은 "중진국 함정", "투키디데스 함정" 등과 같이 소위 함정들에 관한 수많은 말들을 만들어냈다. 사실, 지난 수십 년 동안의 최대의 함정은 두 가지, 즉 "민주 근본주의 함정"과 "시장 근본주의 함정"이다. 만약 굴기 과정에서 이 두 가지 함정을 극복한다면 중국과 같이 성공할 것이다. 그러나 만약 이 두 가지 함정에 빠진다면, 여러 서방국가나 수많은 비서방국가들과 같이 실패하거나 또는 쇠퇴할 것이다.

"시장 근본주의"로 인해 여러 서방국가들은 금융위기, 채무위기, 그리고 경제위기에 빠졌고, 많은 국민의 실질소득이 20년 가까이 증가하지 못했다. 서방은 "민주 근본주의"를 추진하며 타국의 정권교체를 위한 도구로 인터넷을 이용했지만, 그 결과는 돌로 제 발을 찍는 격이 되었다. "아랍의 봄"이 "아랍의 겨울"이 되었고, 대량의 난민이 전란을 피해 유럽으로 유입되며 오늘날 유럽 최대의 정치위기를 초래하게 되었다. 미국 정계 또한 거대한 변화가 나타났다. 일부 사람들이 이를 바로 미국 자신의 "정권교체"라고 말하는데, 이러한 변화에서 새로운 소셜미디어가 중요한 역할을 했다.

이에 비해, 중국은 이러한 두 가지 근본주의의 함정에서 벗어나 일종의 "제도혁신모델"을 모색했다. 과거 냉전에 승리한 서방은 신자유주의 세계화에 따라 서방의 자유민주주의 모델 또한 당연히 세계 각국에 의해 받아들여질 것이라 생각했다. 일본계 미국인 학자인 후쿠야마

(Francis Fukuyama)는 심지어 "역사종결론"을 제기했다. 즉 서방의 정치모델이야말로 "역사적 종결"을 나타낸다는 것이다. 미국은 경제, 군사, 정치, 과학기술, 문화, 국력이 둘째가라면 서러울 정도의 세계에서 유일한 초강대국이 되었다. 이러한 국력을 바탕으로, 미국은 자국의 정치제도와 가치관을 수출했고 전 세계를 미국이 설계한 경제 및 정치제도 안으로 포섭하고자 했으며 세계적 차원에서 미국의 이익을 극대화했다.

　　위협적인 민주 근본주의와 시장 근본주의 공세에 직면한 덩샤오핑은 "모든 제국주의 서방세계는 사회주의 각국이 사회주의의 길을 포기하고, 결국 세계 독점자본의 통치를 받도록 하고자 한다. 지금 우리는 그 흐름에서 벗어나 기치를 분명히 해야 한다. 만일 우리가 사회주의를 견지하지 않는다면, 결국은 발전해도 하나의 속국에 불과하게 될 것이고, 발전하고 싶어도 쉽지 않을 것이기 때문이다"라고 역설했다. 또한 "지금 세계시장은 이미 빼곡히 점령당해 진입하는 것 또한 쉽지 않다. 사회주의만이 중국을 구할 수 있고, 사회주의만이 중국을 발전시킬 수 있다"고 지적했다.[7] 덩샤오핑은 시장의 역할을 중성적으로 인식했다. 즉 사회주의를 위해 사용될 수도, 자본주의를 위해 사용될 수도 있다고 인식하며 중국 "사회주의 시장경제" 모델의 기반을 마련했다. 이러한 모델은 비록 완성되어 가는 중이지만, 중국은 이미 급속한 성장에 성공했다.

　　민주주의 문제도 마찬가지이다. 비록 중국의 모색은 여전히 진행 중이지만, 덩샤오핑은 일관되게 중국의 정치제도가 자신만의 독특한 장점을 가지고 있다고 인식했다. 그는 미국의 정치제도는 "세 개의 정부"라고 농담 삼아 말했다. "미국은 자신의 제도가 좋다고 하지만, 대통령 선거 때 하는 말과 취임 후의 말이 다르다. 중간선거에서 또 다르고, 다음 대통령 선거가 다가오면 또 다르다. 미국은 우리의 정책이 불안정하다고 하지만, 미국과 비교하면 우리의 정책이 더 안정적이다."[8]

덩샤오핑은 정치제도의 질은 세 가지 기준에 의해 결정된다고 인식했다. 첫 번째 기준은 정치상황의 안정성 여부이고, 두 번째 기준은 인민의 단결과 인민의 생활 개선 여부이며, 세 번째 기준은 지속가능한 생산력의 확보 여부이다.[9] 서방의 민주주의와 비교하자면, 중국이 스스로 모색한 민주주의 노선이 시대의 획을 긋는 의미를 갖는다. 서방이 "형식"과 "절차"를 강조할 때, 중국은 "실질"과 "결과"에 더 관심을 두었고, 이에 따라 중국의 민심과 국정에 맞는 "형식"과 "절차"를 모색하였다. 오늘날, 중국의 "선발+선거"의 제도적 장치는 여전히 완성되어가는 단계이지만, 선거에 의존하는 서방의 제도보다 전체적으로 더욱 훌륭하다고 할 수 있다. 위로부터 아래에 이르기까지 두루 실시되는 중국의 협상민주주의는 갈수록 포퓰리즘화되는 서방의 민주주의보다 전반적으로 더 훌륭하다. 중국의 전략 계획과 시행능력, 그리고 사회 통합능력 또한 서방국가들보다 현저하게 강하다.

과거 40년을 되돌아보면, 중국이 잘못한 점이 없는 것은 아니다. 갈등이 없었던 것도 아니다. 그러나 국가 발전 노선의 결정에 있어, 덩샤오핑 지도하의 중국은 전체적으로 정확한 선택을 했고, 또한 이로 인해 모든 면에서 평화적으로 굴기할 수 있었다. 중국의 이러한 굴기는 이미 전 세계와 인류에 많은 영향을 주었고, 미래에도 지속적으로 영향을 미칠 것이다.

이상 중국의 개혁개방 40주년을 기념하며.

1 "習近平: 在慶祝改革開放40周年大會上的講話", 人民日報, 2018-12-19.
2 鄧小平.『鄧小平文選』第三卷, 北京: 人民出版社, 1993年, p.260.
3 鄧小平.『鄧小平文選』第三卷, 北京: 人民出版社, 1993年, p.229.
4 張維爲. "中國之治和西方之亂的制度原因",『求是』, 2017年 第15期.
5 張維爲.『中國觸動: 百國視野下的觀察與思考』, 上海: 上海人民出版社, 2012年, p.65-73.
6 鄧小平.『鄧小平文選』第三卷, 北京: 人民出版社, 1993年, p.256.
7 鄧小平.『鄧小平文選』第三卷, 北京: 人民出版社, 1993年, p.311.
8 鄧小平.『鄧小平文選』第三卷, 北京: 人民出版社, 1993年, p.31.
9 鄧小平.『鄧小平文選』第三卷, 北京: 人民出版社, 1993年, p.213.

2장

중국 개혁개방 심화 방안

츠푸린(遲福林)
중국(하이난)개혁발전연구원 원장

개혁개방 40년 동안, 중국은 사회주의 시장경제체제의 구축과 끊임없는 개선을 통해 시장과 경제의 활기를 극대화했다. GDP와 1인당 GDP는 각각 연평균 9.5%와 8.5% 증가했고, 경제총량이 전 세계에서 차지하는 비중은 1.8%에서 15%까지 증가했다. 2013-2017년까지 전 세계 경제성장에서 중국의 공헌률은 연평균 30% 이상인 것으로 나타났다. 이러한 지표는 개혁개방이라는 중국의 두 번째 혁명이 중국을 변화시켰을 뿐만 아니라 전 세계에도 깊은 영향을 미쳤다는 사실을 증명한다.

탈공업화 시대에 진입하기 시작한 중국

개혁개방 40년 동안, 중국은 탈공업화 시대로의 진입이라는 역사적인 도약을 성공적으로 실현했다. 이는 정부와 시장의 관계를 중점으로 하는 시장화 개혁을 추진한 덕분이고, 적극적으로 문호를 개방하여 글로벌 시장에 진출한 덕분이기도 하다. 탈공업화 시대에 진입한 중국의 입장에서 보면, 실물경제의 발전을 중심으로 제조업의 전환과 업그레이드를 추진할 수 있는지 여부가 개혁개방의 전면 심화를 위한 중대한 도전이 되었다.

정부와 시장 관계의 새로운 진전을 실현. 먼저 가격개혁의 측면에서 보면, 계획이 가격을 결정하는 방식에서 시장의 수요공급 관계가 가격을 결정하는 방식으로 전환되었다. 개혁개방 이후, 중국은 가격개혁을 핵심으로 수요와 공급이 가격을 결정하는 시장체계를 점진적으로 확립했다. 일상용품, 농수산물 및 농부산품의 가격 개방, 농부산품 시장의 발전, 각종 생산재 시장의 발전 등을 포함한 중요한 개혁을 시행했다. 1997년까지 중국에서 공공재, 공업생산재, 농부산품을 시장가격에 의거해 거래한 비중은 각각 93.2%, 81.6%와 80.5%에 이르렀다. 이는 1978년과 비교해 각각 91.4%p, 81.6%p, 73.1%p 증가한 수치이다. 다음으로 민영기업의 측면에서 보면, 민영기업이 "필요충분조건"에서 "중요한 구성요소"로 자리 잡았다. 민영경제의 발전은 허가에서 규제 완화, 승인에서 장려, 정책 지원에서 체제 개선 등의 과정을 거치며 오늘날 중국 국민경제의 중요한 구성요소가 되었다. 요약컨대, 민영경제는 "5·6·7·8·9"의 특징을 지닌다. 즉 50% 이상의 세수, 60% 이상의 국내총생산, 70% 이상의 과학기술 혁신성과, 80% 이상의 도시 노동자 취업, 90% 이상의 기업 수에서 기여했다.[1] 마지막으로 국유기업 개혁의 측면에서 보면, 국유기업의 개혁은 하부 기관에 일부 권력을 이양하고 일정한 이윤을 양도하는 형태에서, 강하고 우월하며 거대한 국유자본을 확립하는 형태로 전환됐다. 예를 들어, 1980년대 중반, 중국은 국가에 대한 국유기업의 이윤상납을 세금납부로 전환하는 이개세(利改稅) 제도의 시행, 청부경영책임제(承包經營責任制)의 도입, 주주제 개혁 시범사업의 추진 등을 시작했다. 이를 기반으로 혼합소유제를 적극 발전시키고 "기업 관리"에서 "자본 관리"로의 전환을 모색했다.

제조업의 전환과 업그레이드. 오늘날 중국은 제조업 규모가 크지만 강하지 않다는 모순적인 상황에 직면해 있다. 예를 들어, 중국 제조업의 부가가치가 전 세계 제조업에서 차지하는 비중이 약 20%에 이르며 전 세계 최대의 제조대국이 되었다. 그러나 종합적인 산출효과를 보면, 중국 제조업의 1인당 평균 부가가치는 선진국 평균의 1/3 수준인 3,000달러에 불과하다. 이외에도, 산업체인에서의 단절, 특히 핵심적인 생산단계에서의 단절이 존재한다. 즉 다른 국가로부터 받는 핵심기술에 대한 제약이 심각한 상태이다.

또한 중국은 전 세계에서 가장 많은 인재를 보유하고 있고, 두 번째로 많은 연구개발비를 투자하고 있음에도 정책적인 제약으로 인해 인재규모와 연구개발규모의 우위가 자주혁신과 시장경쟁력의 우위로 충분히 전환되고 있지 않다. 과학기술 성과의 전환률은 30% 수준으로, 선진국의 60-70% 수준과 비교해 격차가 크다.[2] 이로 인해 과학기술 요소가 적절히 분배된 시장화 수준의 제고가 시급하고, 종업원 지주제도 등 다양한 형태로 과학기술 혁신을 장려해 과학기술 성과의 전환을 촉진하는 효율적인 장려 메커니즘의 확립이 시급하다. 과학기술연구기관의 법인 전환을 장려해 과학연구가 중심이 되는 혁신적인 관리 체제와 혁신을 장려하는 새로운 메커니즘의 구축도 시급하다. 교육 개혁을 통해 개방형, 혁신형 교육을 위한 실질적인 돌파구의 모색 또한 시급하다.

민영경제 발전의 법률적 보장 강화. 민영경제의 발전은 중국 개혁개방 40년의 중대한 성과이자 제조업의 전환과 업그레이드 추진을 위한 주체적인 역량이다. 오늘날 제조업의 전환 및 업그레이드 과정에서 나타나는 두드러진 모순은, 민영경제 발전의 불확실성이 증대하며 일부 민영기업이 생존과 발전에 중대한 난관에 직면해 있다는 점이다. 이러한 상황을 조속히 개선하지 않으면 제조업의 전환과 업그레이드에서 나타나는 난관을 타개하기 어려울 뿐만 아니라 안정적인 경제발전과 "고품질 발전"의 추진 역시 쉽지 않다. 이에 강력한 정책과 조치를 채택해 민영경제가 직면한 어려움과 위기에 대응해야 하고, "민영경제촉진법"에 대한 연구와 제정 방안을 조속히 마련해 민영경제의 안정적인 발전을 위한 법률적 보장 기반을 공고히 다져야 한다. 동시에, 제도적인 거래비용 인하를 중점으로 "중국제조(made in china)"의 경쟁 우위를 재정립해야 한다.

지난 40년 동안, "중국제조"는 저렴한 원가 우위를 기반으로 빠르게 발전해왔지만 오늘날 이러한 원가 우위가 점차 약화되고 있다. "중국제조"에서 새로운 원가 우위를 재정립하기 위한 관건은 체계적인 제도 개혁을 통한 거래비용 인하다. 먼저, 민영기업의 세수 부담과 사회보장 비용에 대한 부담을 대대적으로 인하하여 민영기업, 특히 중소기업의 생존을 지원해야 한다. 다음으로, 실물경제의 수요에 부합하는 보편적인 금융 문제 해결에 주력하여 민영기업의 융자원가를 인하해야 한다.

마지막으로, 에너지, 교통 등 영역의 독과점 구도와 이익이 집중되는 문제를 타파하는데 주력하여 민경기업이 공정하게 경쟁할 수 있는 시장 환경을 조성해야 한다.

새로운 소비 시대에 진입하기 시작한 중국

40년 동안, 중국은 시장경제의 활력을 촉진하고 이해관계의 조화와 개혁의 보편성 증진에 집중함으로써 새로운 소비 시대의 진입이라는 역사적인 전환을 실현했다. 새로운 소비 시대에 진입하며 주민들의 소비구조가 물질형 소비에서 서비스형 소비로 전환했고, 이는 거대한 내수 잠재력을 발산하는 계기가 되었다. 2020년에 이르면, 도시주민의 서비스형 소비 비중이 현재의 45% 수준에서 50% 수준까지 제고될 것으로 예상된다. 서비스업 시장 개방을 중점으로 하는 공급측 구조개혁은 사회의 주요 갈등 변화에 적응하고 사회 전체의 서비스형 소비 수요를 충족할 수 있는 중대한 조치일 뿐만 아니라 거대한 내수 잠재력을 산업 개혁의 새로운 우위로 전환할 수 있는 핵심적인 조치이다.

새로운 소비 시대에 진입하기 시작한 중국. 우선, 1978-2018년 동안 중국 도시주민의 1인당 평균 가처분소득은 343위안에서 36,396위안으로 105배 증가했다. 중국 농민의 1인당 평균 순수입 또한 134위안에서 13,432위안으로, 85배 증가했다. 2017년도 도시와 농촌의 엥겔지수는 29.3%로, 최초로 30%보다 낮은 수치를 기록했다. 다음으로, 소비는 경제성장을 이끄는 첫 번째 원동력이다. 2017년 최종소비지출의 GDP 기여도는 58.8%로, 2013년 대비 11.8%p 상승했다. 2014년부터 소비의 경제성장 기여도는 4년 연속 투자를 초월하며 소비가 경제성장의 첫 번째 원동력으로 자리 잡았다.

마지막으로, 도시와 농촌 주민의 소비구조에도 중대한 변화가 나타났다. 건강, 의료, 문화, 관광, 교육, 정보 등과 관련된 서비스형 소비 수요가 전면적으로 빠르게 증가하며 사람들의 "아름다운 생활"(美麗生活)에 필요한 주요 항목이 되었다. 현재 중국 도시주민과 농민의 서비스형 소비 지출이 차지하는 비중은 각각 45.5%와 30% 정도이다. 이러한 상황에서 2020년까지 도시 주민의 서비스형 소비 지출은 50%대에 이를 것으로 예상된다. 더욱이 만약 도농일체화가 가속화된다면, 도농 공공인프라의 균등화가 전반적으로 실현되며 농촌 주민의 서비스형 소비 지출이 40%대에 근접할 것으로 전망된다.

관건은 이해관계의 조화. 먼저, 도시와 농촌의 이해관계가 조화를 이뤄야 한다. 즉 도시와 농촌이 이원화된 경제사회 구조를 도시와 농촌이 조화롭게 발전하는 구조로 전환해야 한다. 중국의 도농 관계가 새로운 단계에 진입함에 따라 농촌 발전이 중국의 신형 도시화와 도농 융합의 핵심문제가 되었다. 다음으로, 각 지역의 이해관계가 조화를 이뤄야 한다. 즉 불균형적인 발전에서 균형적인 발전으로 전환해야 한다. 동부 연해지역의 선제적인 발전을 기반으로, 지역 경제의 합리적인 구도와 조화로운 발전을 촉진해야 한다. 2000-2006년, 중앙정부는 서부대개발, 동북진흥, 중부굴기 등의 전략을 연이어 시행했다. 최근에는 '일대일로' 구상, 징진지 협동발전, 장강경제벨트 발전을 필두로, 중국 전역이 연결되는 경제벨트를 조성하며 요소의 자유로운 이동, 주체공능 제약의 효율성 제고, 균등한 공공인프라 조성, 자원환경 분배의 최적화 등이 가능한 조화로운 지역 발전 구도를 만들어가고 있다. 마지막으로, 각 집단의 이해관계가 조화를 이뤄야 한다. 일부 사람이나 일부 지역이 먼저 부유해지는 형태에서 "공동의 부유"를 점진적으로 실현하는 형태로 전환해야 한다. 평균주의와 함께, 직급별 임금제의 종결, 노동계약제 시행 등과 같은 "철밥통"을 타파해야 한다. "안로분배(按勞分配, 일한만큼 분배를 받음)"와 생산요소의 분배가 결합된 분배 방식을 시행해 전 세계에서 가장 많은 인구가 혜택을 받을 수 있는 사회보장체계를 구축해야 한다.

서비스업 시장 개방을 통한 공급측 구조개혁의 심화. 서비스형 소비가 빠르게 증가하는 상황에서, 2017년 37조 위안 수준인 중국의 주민 소비 규모가 2020년에 이르면 48-50조 위안까지 증가할 것으로 예상된다. 나날이 확대되는 중국의 거대한 소비 잠재력은 향후 10년 동안 중국의 연평균 6%대의 경제성장률을 유지할 수 있는 중요한 기반이다. 문제는, 서비스업 시장 개방의 지체로 인해 서비스형 소비가 "수요는 있지만 공급이 부족한" 현상이 두드러지게 나타나고 있다는 점이다. 소비구조의 전환이라는 거시적인 추세에 적응하기 위한 핵심은 서비스업 시장 개방을 통해 시장화 개혁의 새로운 보너스를 방출할 수 있는지 여부이다. 이를 위해 서비스업 분야의 행정적 독과점과 시장 독과점을 타파하고 서비스업을 사회 자본에 전면 개방하며 서비스업 분야의 국유자본을 전략적으로 조정하는 한편, 시장이 서비스업의 가격을 결정하는 새로운 메커니즘을 구축해야 한다.

새로운 대외개방의 단계에 진입하기 시작한 중국

40년 동안, 중국은 경제 글로벌화가 이끄는 역사적인 기회를 잡고 문호 개방이라는 기본적인 책략을 견지함으로써 전방위적인 개방이라는 위대한 전환을 성공적으로 실현했다. 오늘 중국 경제의 전환과 고도화 과정에 내재되어 있는 거대한 내수 잠재력은 중국의 세계경제 융합과 개방 확대를 위한 특별한 우위이자 가장 큰 기반이 되었다. 중국은 13억 인구의 내수시장에 입각해 전략목표를 실현하기 위한 자신감과 의지를 유지하며 높은 수준의 개방을 통해 과거로 돌이키기 어려운 개혁을 추진해 왔다. 이로써 중국은 외부환경의 변화에 대응할 수 있는 조건과 역량을 이미 갖추었다.

중국을 변화시키고 전 세계에 영향을 준 40년의 대외개방. 먼저, 중국은 전 세계 최대의 화물무역국이 되었다. 40년 동안 중국의 화물무역총액은 206.4억 달러에서 4.1조 달러로, 연평균 14.5% 증가했다.[3] 전 세계 화물무역 비중에서 차지하는 비중 역시 0.8%에서 11.8%까지 증가했다. WTO의 통계에 따르면, 2013년 중국은 미국을 제치고 전 세계 최대의 화물무역국이 되었으며, 수출입총액은 미국보다 2,500억 달러 많았다. 중국은 외자를 가장 많이 유치하는 개발도상국이 되었을 뿐만 아니라 해외투자를 많이 하는 국가로 점차 거듭나고 있다. 2017년 중국의 해외투자는 1,250억 달러로,[4] 전 세계에서 세 번째로 해외투자가 많은 국가이자 개발도상국 가운데 가장 많이 투자하는 국가가 되었다. 다음으로 40년 동안의 대외개방은 세계 경제발전에 깊은 영향을 미쳤다. 중국은 세계 경제발전의 안정장치이자 원동력이 되었다. 2008년 금융위기

이래로 전 세계적으로 경기가 회복되지 않는 상황에서도 중국은 중고속 성장을 지속적으로 유지해왔다. 2013-2016년 중국은 연평균 7.2%의 증가율을 달성했다. 이는 같은 기간 미국, EU, 일본이 각각 2.1%, 1.2%와 1.1%의 증가율을 기록한 것보다 높은 수치로, 이를 통해 세계 경제발전을 추진하는 원동력이 되었다는 사실을 확인할 수 있다. 세계은행의 추산에 따르면 2013-2017년, 전 세계 경제성장에서 중국의 기여도는 연평균 30% 이상으로, 미국, EU와 일본을 합한 수치보다 높은 기여도를 기록했다.

중국의 대외개방은 경제특구 조성을 돌파구 삼아 경제특구에서 연해개방으로, 다시 내륙으로의 확대라는 시도와 실천을 통해 완성되었다. WTO 가입 이후, 국내 경제제도와 국제적인 무역규범의 연계를 위해 중앙정부는 2,300여 건의 법률과 법규, 각 부문별 규정을 정리했고, 지방정부는 19만여 건의 법규와 정책을 정리했다.[5] 2013년 이후, 중국은 '일대일로' 구상을 제시하고 적극 추진하며 외자유치와 해외진출의 병행을 견지했다. 자유무역시범지구의 조성부터 자유무역항의 설립을 탐구하며 개방형 경제체제의 구축을 가속화했고, 세계경제포럼, G20 정상회의, 상하이협력기구, 중국국제수입박람회 등 다양한 방법을 통해 글로벌 경제 거버넌스에 적극 참여했다. 중국의 역할은 경제 글로벌화의 '참여자'이자 '추종자'에서 '추진자'이자 '촉진자'로 빠르게 전환되고 있다.

수입에 적합한 제도와 정책 체계 확립. 중국은 빠른 공업화 과정에서 수입구조와 주민소비구조가 불균형하여 수입이 주민들의 소비, 특히 서비스형 소비에 대한 현실적인 수요에 미치지 못했다. 예를 들어,

『2018 중국소비시장발전보고』에 따르면, 중국의 수입총액 가운데 소비품이 차지하는 비중은 10%가 되지 않는다. 향후 몇 년 동안 만약 소비품 수입 비중이 20%대 수준으로 증가한다면, 중국 소비구조의 전환을 위한 시장조건을 창출할 수 있다. 이로써 다른 국가들은 중국에 매년 약 4,000억 달러를 수출할 수 있게 된다. 의약품을 예로 보면, 재정부의 2017년도 최신 관세세율 조정에 따라 중국이 수입하는 의약품의 최혜국 세율은 2-4%대이고, 판매 부문에서 16%의 부가세를 부과한다면 수입 의약품의 가격은 약 30% 정도까지 상승한다.[6] 반면 현재 대다수 선진국에서는 수입 의약품에 대한 부가세가 면제된다. 유럽의 평균 수준은 8.8%이고, 일부 국가는 부가세가 없다.[7] 이에 관세 수준을 더욱 인하하는 동시에, 의약품이나 발병률이 높은 질병에 사용되는 의료기기에 대한 부가세, 중요한 수입 일상용품에 대한 부가세를 대대적으로 인하하거나 면제하는 방안을 고려해 볼 필요가 있다. 또한 암과 같은 질병 치료에 필요한 의료기기의 수입 관세를 조속히 면제하고 유럽이나 미국의 의약품 품질 안전 표준을 도입하며 의료기술 등 서비스 부문의 수입을 확대함으로써 도태된 국내 의료기업의 역량을 제고하는 동시에, 전 사회의 나날이 증대되는 서비스형 소비에 대한 수요를 충족시켜야 한다.

　　'일대일로' 국제 산업협력과 서비스무역의 융합 발전 추진. '일대일로'를 중심으로, '외자도입(走出去)'과 '해외진출(引進來)'의 병행을 견지한다. 2017년 중국이 '일대일로' 연선국에 발주한 공사에서 달성한 매출총액이 중국 전체 해외청부공사에 달성한 매출총액에서 차지하는 비중은 47.7%였다. '일대일로' 연선국과 지역에서 중국에 직접 투자한 신규

기업은 21.8% 증가한 3,857개로, 동기 대비 전국 평균보다 5%p 높은 것으로 나타났다.[8] 2017년 8월 발표된 "해외투자 방향을 더욱 유도하고 규범화하기 위한 지도의견에 관한 통지"에는 해외투자 산업의 방향과 함께, 제한 및 금지 분야가 명시되었다. '일대일로' 구상은 전 세계의 자유무역을 더욱 촉진했고, 글로벌 무역의 빠른 성장을 이끌었다. 2017년, 중국과 '일대일로' 연선국의 무역총액은 7.4조 위안(약 1.1조 달러)으로, 전년 동기 대비 17.8% 증가했다. 이는 전 세계 무역총액의 평균 증가속도인 4.3%보다 훨씬 높은 수치이다.[9]

　　한편, 금융업이 중심인 서비스업 기업의 해외진출은 제조업 기업의 해외진출보다 정체되어 있을 뿐만 아니라 협력의 실질적인 수요에도 한참 미치지 못한 것으로 나타났다. 2017년, 중국과 '일대일로' 연선국의 무역총액에서 서비스무역이 차지하는 비중은 8.2%에 불과했다.[10] '일대일로' 공동 건설의 '고품질 발전'을 추진하기 위해서는 국제적인 생산협력을 전개하는 동시에, 서비스무역에 관한 협력을 통해 생산협력의 수준을 제고해야 한다. 조건을 갖춘 지역에서는 서비스 산업의 범위 내에서 자유무역 정책을 시행하는 방안을 고려해 볼 필요가 있다. 각기 다른 지역의 독자적인 우위에서 출발해, '일대일로' 연선국과 교육, 건강, 의료, 관광, 문화, 금융, 전시 등을 중점으로 하는 서비스 산업에 대해 자유무역을 시범적으로 시행한다.

　　서비스 무역을 중심으로 대외개방의 새로운 모멘텀을 창출. 예컨대, 서비스 무역을 중심으로 국내 자유무역시험구의 전환과 개선을 추진한다. 또한 네거티브 리스트 관리 제도를 끊임없이 혁신하여 더욱 거시적인 범위에서 서비스시장의 개방을 확대한다. 광둥-홍콩-마카오(粤港澳) 지역의 서비스무역 일체화 추진을 가속화해 광둥-홍콩-마카오 지역의 서비스무역 자유화 체제가 완벽하게 실현될 수 있도록 노력한다. 이와 함께 서비스무역을 중심으로 서비스업 시장의 전면적인 개방을 선도함으로써 하이난이 세계적인 영향력을 갖춘 국제관광소비의 중심이 될수 있도록 노력한다.

중국의 개혁개방은 새로운 역사적인 전환기에 이르렀다. 개혁을 추진함에 있어 민감성이나 난이도, 복잡한 수준이 40년 전과 비교해 결코 뒤지지 않는다. 경제 전환의 추세와 외부 환경의 복잡다단한 변화가 서로 교차되는 새로운 정세에서 개혁과 위기가 공존하는 특성이 두드러지고 있다. 이에 정부와 시장의 양호한 관계 정립을 주축으로, 사회주의 시장경제체제를 빠르게 완성하고 13억 인구의 거대한 내수 잠재력을 발산한다면, 향후 10년, 심지어 더욱 오랜 기간 동안 중국 경제는 안정적으로 성장할 것이며, 전 세계에 더 많은 혜택을 제공할 것이다.

1 "習近平總書記在民營企業座談會上的講話", 2018-11-1.

2 관련 데이터는 "我國科技成果轉化率不足30%", 中國網, 2016-01-25를 참조.

3 1978-2016년 데이터는 『中國統計年鑒2017』, 2017년 데이터는 『中華人民共和國2017 年國民經濟和社會發展統計公報』에서 참조.

4 國家統計局. 『中華人民共和國2017年國民經濟和社會發展統計公報』2018-02-28.

5 中華人民共和國國務院新聞辦公室. "中國與世界貿易組織". 新華網, 2018-06-12.

6 "下月起抗癌藥等28項藥品零關稅, 從稅率調整看患者受益多少", 鳳凰網, 2018-04-25.

7 任澤平, 賀晨, 甘源. "中國對外開放的進展評估與變革展望—中美貿易戰系列研究", 2018-05-29.

8 國家統計局. 『中華人民共和國2017年國民經濟和社會發展統計公報』2018-02-28.

9 Ibid.

10 중국 상무부 데이터를 활용해 추산.

3장

중국 개혁개방과
중국 경제의 명암

징린보(荊林波)
중국사회과학원 사회과학평가센터 주임

2018년은 당의 19대 정신을 관철하기 시작한 해로, 개혁개방 40주년이자 전면적 샤오캉(小康)사회의 실현을 이끌고, 13·5 규획의 시행을 지속하는 중요한 해이다. 효율적인 노동력의 공급이 꾸준히 증가하고, 대국의 우위가 더욱 발휘되고 있는 상황에서 중국 경제는 여전히 비교적 큰 중장기 성장 잠재력을 가지고 있다. 전통적인 동력과 새로운 동력, 신경제의 상호작용으로 경제 운용의 내적 안정성은 더욱 견고해졌다. 즉, 중국 경제는 잠재력을 발굴하는 단계에서 거대한 잠재력을 발산하는 단계로 발전했다. 동시에 중국 경제에는 가려진 문제들이 여전히 존재한다는 사실도 인식할 필요가 있다. "안정적인 가운데 근심이 생기고, 근심하는 가운데 기회가 있다"는 사실을 주지하며 미래의 기회를 잡아야만 중국 경제는 지속가능한 발전의 길을 걸을 수 있다.

경제성장을 견인한 소비

사회소비재 총매출액을 보면, 중국의 소비는 1978년 1,559억 위안에서 2017년 36조 6,262억 위안으로 연평균 15% 증가했다. 국가통계국 통계에 따르면 사회소비재 총매출액은 1992년 이전까지 사회상품 총매출액으로 명시되었다. 1992년 사회소비재 총매출액은 1조 위안을 넘었고, 1996년에 3조 위안을 넘어섰다. 1998년 이후 중국 사회소비재 총매출액의 증가율은 점차 빨라져 2001년 처음으로 두 자릿수 성장을 기록했다. 2003년 한 자릿수로 돌아섰던 것을 제외하고 2017년까지 중국 사회소비재 총매출액의 증가율은 두 자릿수 이상을 기록했고 특히 2008년에는 22.7%라는 높은 증가율을 달성했다.

2013년 이후 세계 경제성장에 대한 중국의 기여도는 30%를 넘어섰고, 이 가운데 중국의 소비가 중요한 역할을 했다. 달러고정환율을 기준으로 2013-2016년 세계 소비 성장에 대한 중국의 연평균 기여도는 23.4%로, 전 세계 1위를 차지했다. 2018년 3월 세계무역기구(WTO)가 발표한 〈World Trade Report〉에 따르면 중국 경제가 투자의존에서 소비의존으로 전환하고 있으며, 이는 장기적으로 더욱 강력한 지속가능한 경제성장에 유리한 바, 중국이 세계 경제의 지속적 성장을 뒷받침할 것으로 전망했다.

19차 당 대회에서는 경제발전에 대한 사고를 '고속 성장에서 질적 성장'으로 전환했다. 이 중 소비는 2018년은 물론 향후 몇 년 동안 기본적으로 안정적인 구도를 유지하며 중국 경제의 최대 "밸러스트(ballast)"가 될 것으로 예상된다. 2018년 3분기까지, 중국의 소비재시장은 안정적

표 1. 사회소비재 총매출액(1998-2017)   (단위: 억 위안, %)

년도	사회소비재 총매출액	증가율 및 설명
1998	33,378.1	106.8%
1999	35,647.9	106.8%
2000	39,105.7	109.7%
2001	43,055.4	110.1%, 3조에서 4조 돌파까지 5년 소요
2002	48,135.9	111.8%
2003	52,516.3	109.1%, 5조 돌파
2004	59,501.0	113.3%
2005	68,352.6	114.9%
2006	79,145.2	115.8%
2007	93,571.6	118.2%
2008	114,830.1	122.7%, 최근 30년 최고 성장률, 10조 돌파
2009	133,048.2	115.9%
2010	158,008.0	118.8%
2011	187,205.8	118.5%
2012	214,432.7	114.5%, 20조 돌파, 10조에서 20조까지 5년 소요
2013	242,842.8	113.2%
2014	271,896.1	112.0%
2015	300,930.8	110.7% , 30조 돌파, 20조에서 30조까지 3년 소요
2016	332,316.3	110.4%
2017	366,261.6	110.2%

출처: 『중국통계연감(中國統計年鑒)』각년도.

인 성장을 지속했다. 총량은 지속적으로 확대되고 구조는 최적화되고 있으며 소매업의 융합 추세가 뚜렷하고 시장공급 방식은 혁신을 가속하고 있다. 경제성장에서 최종소비지출의 기여도는 78%로, 전년 동기 대비 14%p 증가했다. 농촌 소비재시장 총매출액은 전년 동기 대비 10.4% 증가해 사회소비재 총매출액의 14.4%를 차지했다. 도시와 농촌의 시장구조는 개선되고 있으며 소비가 경제성장을 견인하는 역할이 더욱 강화되면서 소비가 여전히 경제성장의 첫 번째 원동력이 되고 있다.

최근 사람들이 우려하는 바는 다음과 같다. 먼저, 사회소비재 총매출액의 증가율이 한 자릿수로 떨어졌다. 2010년 18.8%였던 증가율은 이후 하락 추세를 보이며 2017년 10.4%를 기록했다. 2018년 3분기 사회소비재 총매출액의 증가율은 전년 동기 대비 9.3%를 기록하며 한 자릿수에 머물렀다. 2018년 4월, 사회소비재 총매출액의 증가율은 전년 동기 대비 9.4%를 기록했고, 처음으로 한 자릿수로 떨어지며 세계적인 관심을 끌었다. 2018년 5월, 다시 8.5%로 하락했다. 국가통계국의 설명에도 불구하고 사회소비재 총매출액 증가율의 두 자릿수 시대는 다시 돌아오지 않았다. 특히 2018년 11월에 증가율이 8.1%에 그치며 다시 각계의 우려를 낳았다. 2019년 실질적으로 8~9%의 증가율을 유지해야 중국 경제의 안정적 발전을 보장할 수 있다.

다음으로, 현재 중국의 소비 확대를 제약하는 요인이 여전히 많다. 주민들의 과도한 주택 구입으로 인한 레버리지 효과가 뚜렷하고 소비 개선의 내적 동력이 부족하다. 2004년 중국의 개인주택담보대출 잔액은 1.6조 위안에 불과했으나 2017년 21.9조 위안으로 13년 만에

13.7배 증가했다. 개인주택담보대출 잔액이 주민대출 잔액에서 차지하는 비중은 절반을 넘어 2017년 54%에 이르렀다.

표 2. 중국 개인주택담보대출 현황

구분	2004년	2017년
개인주택담보대출 잔액	1.6조 위안	21.9조 위안
주택담보대출비율(개인주택담보대출잔액/가처분소득)	17%	44%
가계부문 부채비율(주민부채잔액/가처분소득)	29%	80%

국가통계국이 발표한 70개 도시 분양주택의 10월 분양가 변동 상황에 따르면, 상승폭이 큰 10개 도시 가운데 절반 이상이 3, 4선 도시이다. 이쥐(易居)부동산연구원이 2018년 11월 말 발표한 "100개 도시 주택가격 보고"에 따르면 3, 4선 도시의 평균가격이 1만 위안 이상인 기간이 15개월째 지속되고 있다.

또한 서비스 소비의 유효공급이 부족해 주민들의 다양한 소비요구를 충족시킬 수 없다는 점도 소비 확대를 제약한다. 예를 들어 중국은 전 세계적으로도 인구가 많고 노령화 속도가 빠르며 규모가 큰 국가이다. 2017년 중국의 65세 이상 인구는 1.6억 명을 넘었다. 2050년에는 노령화가 30% 수준에 달해 65세 이상 인구가 3.9억 명에 이를 것으로 예상된다. 다시 말해, 3.3명 중 1명이 65세 이상의 노인이라는 의미이다. 2018년 9월까지, 전국의 양로서비스기관은 2.93만 개가 설립되어 있고, 732.54만 개의 침상을 보유하고 있다. 억 단위가 넘는 노령인구보다 서비스기관과 침상 수가 부족하다는 사실은 중국 양로서비스의 능력이 여전히 취약함을 보여준다.

기업이윤의 하락 추세와 소득증가의 둔화 추세가 소비 능력에 영향을 미치며 소비 확대를 제약한다. 개혁개방 이후 중국은 31년 만에 1인당 평균 소득이 1만 위안을 넘었고, 이후 5년 만에 2만 위안을 넘으며 1인당 평균 소득이 3만 위안을 향해 가고 있다. 2017년 한 해 전국 주민의 1인당 평균 소비지출은 18,322위안으로, 전년 대비 명목 증가율은 7.1%, 가격 요인을 제외한 실질 증가율은 5.4%인 것으로 나타났다. 2018년 12월 27일 국가통계국이 발표한 데이터에 따르면 2018년 1-11월, 전국 규모 이상 공업기업의 이윤은 11.8% 증가했고, 증가율은 1-10월에 비해 1.8%p 감소했다. 이는 4개월 연속 하락한 것으로, 특히 11월 당월 이윤은 1.8% 하락했다.

물론 기대할 만한 부분도 있다.

먼저, 개성화, 다양화 소비가 점차 주류로 부상하고, 새로운 업종이 빠르게 성장하고 있다. 인터넷, 특히 모바일 인터넷의 보급률이 증가하며 인터넷 쇼핑 가입자 규모가 꾸준히 증가했다. 2018년 3분기 전국 온라인 총매출액은 27.0% 증가해 사회소비재 총매출액의 17.5%를 차지했다. 사회소비재 총매출액에서 실물상품 온라인 총매출액의 기여도는 40%가 넘는다. 또 신구(新舊) 업종이 융합·발전하고 있다. 빅데이터, 클라우드 기술, 사물인터넷, 인공지능과 모바일 인터넷 등 신기술의 도입과 나날이 개선되는 물류 배송 시스템의 지원하에서 편의점, 슈퍼마켓, 전문점, 백화점, 쇼핑몰 등 전통적인 소매업과 전자상거래 플랫폼이 깊이 융합되고 있다. 신규 업종과 전통업종의 융합은 소비시장 공급의 중요한 통로가 되었고, 경제발전 추진에 점점 더 중요한 역할을 하고 있다.

다음으로, 내부적인 측면에서 보면 중국 국민의 부의 기반이 탄탄하고, 소비의 업그레이드에 여전히 충분한 잠재력이 있다. 과거 필자는 중국의 소비문제를 연구하며 중국의 소비 개선 단계를 제시한 바 있다. 현재의 발전상황에 의거해 보완한 내용은 다음과 같다.

표 3. 중국 소비 개선 추이

	제1차	제2차	제3차	제4차	제5차
시간	개혁개방 전	1980년대	1990년대 말 ~ 2000년대 초	2010~2030년	2030년 이후
대표 상품	자전거, 시계, 재봉틀	컬러TV, 냉장고, 세탁기	휴대전화, 컴퓨터, 에어컨, 악기와 헬스기구의 성장 시작	주택, 자동차, 여행(국내/해외 포함)	평생교육, 헬스케어, 의료
소비 모델	원바오형 (溫飽型)	원바오형 → 샤오캉형 (小康型)	샤오캉형 → 발전형	발전형 → 향유형	향유형
소비 등급	백 위안	천 위안	만 위안	수십만 위안 이상	수십만 위안 이상
지속 시간	30년 내외	20년 내외	10년 내외	20년 내외	수십 년

외부적인 측면에서 보면, 소비행위의 패러다임이 꾸준히 변화하며 다양한 차원에서 새로운 소비 성장공간이 창출되고 있다. 개혁의 보너스 측면에서 2018년 9월 20일, 중공 중앙과 국무원은 "소비 촉진 체제

및 기제 개선과 주민 소비 잠재력 진작촉진에 관한 의견"을 발표해 '촉진보다 개혁 중시(輕刺激, 重改革)' 노선을 제시하며 심도 있는 구조개혁을 통해 소비의 중심을 상품 소비에서 서비스 소비로 전환해야 한다는 견해를 제시했다. 소비 다원화, 시장 세분화, 브랜드 소수화 등은 미래로 가는 거시적인 흐름이 되고, 정보 소비는 점점 더 서비스 소비의 선두주자가 될 것이다. 영화, 게임, 애니메이션, SNS, 1인 미디어, 지식비용 지불 등 온라인 정보소비의 발전은 점차 양질의 콘텐츠를 전통적 출판업과 서비스업으로부터 분리하는 동시에, 소비의 수요를 물질소비에서 분리하여 소비개선의 내생동력을 강화하고 소비 패러다임의 외부 발전에 순응함으로써 새로운 소비 성장의 공간을 창출 및 확대하고 있다.

불균형한 사회발전이 경제발전의 공간을 제약

중국에서 사회발전의 불균형은 경제발전의 불균형으로 구체화되었고, 이는 중국 사회에 존재하는 주요 갈등의 변화를 결정했다. 또한 '중국은 오랫동안 사회주의 초기 단계라는 기본적인 상태에 변함없이 머물러 있으며, 중국이 세계 최대의 개발도상국이라는 국제적 지위에도 변함이 없다'는 인식에도 영향을 미치고 있다.

경제발전의 불균형은 다음과 같이 나타난다. 먼저, 도시와 농촌의 발전 불균형이다. 도농 간 발전 격차가 크고, 특히 현(縣)단위의 경제 발전이 부족하다. 도농 간 요소의 분배가 불균형하고, 요소가 농촌 지역에서 일방적으로 도시로 유입되는 추세가 뚜렷하다. 도농 간 공공서비스의 발전이 불균형하므로 농촌의 공공서비스를 시급히 개선해야 한다. 도농 이원화 구조의 폐단이 여전히 존재하고, 호적과 토지 등 제도 개선이 시급하다.

다음으로, 지역 간 발전 불균형이다. 지역 간 발전 격차가 커서 저개발지역과 발전지역의 경제총량과 1인당 지표에 큰 차이가 있다. 지역 간 교류협력과 협동발전 메커니즘이 미흡하고 각 지역 간은 물론 지역 내 유사한 산업구조와 중복 건설, 불합리한 분업 등의 문제가 나타난다. 지역의 생산력 구도가 환경보호 및 생태건설과 융합하여 발전하는 수준이 높지 않고, 지역 발전이 직면한 자원환경에 대한 압박이 더욱 증가하면서 지역 발전과 생태환경 보호 사이의 갈등이 날로 증폭된다.

마지막으로, 구조의 불균형이다. 일련의 구조조정을 통해 중국은 산업구조, 투자구조, 소비구조와 소득분배구조 등의 최적화를 추진했다. 그러나 소득분배구조는 여전히 불평등하고 불합리한 문제가 있다. 이에 노동수당의 최초 분배에서 나타나는 불합리하고 비합법적인 현상을 조속히 규범화해야 한다. 이와 함께 세수 등 조치의 소득재분배 조정능력을 강화해야 한다. 도시와 농촌, 지역 간, 업종 간의 소득 격차가 크다는 문제를 해결하기 위해 공정하고 합리적인 소득분배구조의 건전성을 확보해야 한다. 저소득계층은 오랫동안 존재했으며 '중진국 함정'을 뛰어넘어야 한다.

경제발전의 불충분한 부분은 다음과 같은 현상으로 이어진다. 먼저, 개혁이 불충분하다. 사회주의 시장경제체제의 구축과 발전 과정에서 노동력, 토지, 자본과 기술 등 요소시장체계, 시장질서, 시장의 공정경쟁,

민영기업의 발전 환경, 재산권 제도 등을 보완해야 한다. 민영기업의 투자 적극성을 어떻게 보호하고 동원할 것인가, 시장주체로서 민영기업의 활력을 어떻게 충분히 발휘하게 할 것인가 등의 문제는 반드시 신중하게 다루어야 할 당면한 과제이다. 또한 정부의 거시적인 조정 능력을 향상해야 하고, 거시적인 정책도 한층 더 발전시켜야 한다. 특히 거시정책 간의 협조도 풀어야 할 문제이다.

　　다음으로, 개방이 불충분하다. 글로벌 거버넌스 체계와 무역규범의 조정에 직면한 중요한 시기에 선진국이 여전히 발언권과 통제력을 장악하고 있다. 중국은 국제규범과 표준의 제정 및 개정에 참여할 능력이 충분하지 않아 외자도입과 해외진출 과정에서 직면하는 외부 리스크와 경제 안보에 대한 위협이 상대적으로 크다. 글로벌 가치사슬의 분업에 참여하는 능력과 전 세계 산업발전을 선점하는 능력도 시급히 제고해야 한다. 특히 서비스업의 개방도가 비교적 낮아 개방과 발전의 공간이 여전히 있다.

　　마지막으로, 혁신이 충분하지 않다. 중국은 자체적인 혁신능력이 부족하고 핵심 기술, 공통기술과 선도 분야의 기술 혁신이 부족하다. 혁신 성과의 응용 수준과 산업 발전 수준이 높지 않고, 과학기술의 사용화를 통한 현실적인 생산능력이 부족해 산학연의 융합 발전이 불충분하다. 정책체계의 혁신이 불완전하고, 창업 등 혁신 동력이 부족한 바, 각 주체의 적극성을 충분히 동원할 수 있는 기술혁신체계가 필요하다.

공급측 구조개혁을 통한 전통산업의 업그레이드

2018년 중국의 경제발전에는 '고급공급 부족, 저급공급 과잉, 수요공급 불균형'이라는 모순이 나타났다. 이러한 주요 모순을 해결하고자 중국은 공급측 구조개혁의 심화를 통해 산업구조의 최적화와 업그레이드를 추진했다. 이와 함께 개혁개방과 혁신을 동력으로 신구(新舊) 동력을 주요 방향으로 전환해 산업발전의 질적 성장을 촉진하고, 중국 산업의 글로벌 경쟁력과 국제적 영향력을 지속적으로 향상했다.

전통 농업의 업그레이드. 중앙 1호 문건은 강한 중국을 위해서는 농업이 강해야 하며 현대화 농업 발전노선으로 나아가야 한다는 점을 명시하고 있다. 신창타이(新常態, New Normal) 시대에, 인터넷을 핵심으로 하는 현대 정보경제는 중국 전통경제의 전환 및 업그레이드를 위한 새로운 기회이자 도전이다. '인터넷+ 현대 농업'을 동력으로 전통 농업을 합리적으로 배치하고, 인터넷 기술과 네트워크 플랫폼을 통해 전통 농업을 개선해야 한다. 생산방식을 생산지향적인 방식에서 소비지향적인 방식으로 전환해야 한다. '잘 키워 양질의 상품을 생산'하는 것에서 '잘 팔아 부가가치를 창출'하는 것으로 전환하고, '더욱 친환경으로, 더욱 잘 키워' 인터넷과 현대 농업의 융합을 실현한다. 농업 발전 모델의 실질적인 전환과 개선을 통해 농업 분야에 종사하는 광범위한 노동자들이 각 분야에서 창업하고 혁신을 도모하는 새로운 국면을 만들어야 한다. 현대 농업의 스마트화, 정보화 수준을 향상해 농업의 현대화를 촉진한다.

전통 제조업의 업그레이드. 공급측 구조개혁은 오늘날 정책 시스템과 경제 업무의 주요 노선이자 현대화 경제시스템 구축을 위한 관건적인 조치이다. 혁신적인 동력으로 실물경제를 강화하고 개선해 '중국제조'에서 '중국창조'로, '중국속도'에서 '중국품질'로 전환하고 '제조대국'에서 '제조강국'으로 변모해 국가 경제의 질적 우위를 꾸준히 강화해야한다. 신기술, 신공법, 신모델을 활용해 전통산업, 기계전자, 의류, 경공업, 식품 등 전통 산업을 개선해야 한다. 시장의 적자생존을 통해 좀비기업을 적출하고 낙후된 생산능력을 시장에서 퇴출하며 시장화와 법치화를 종합적으로 활용해 생산능력의 이용률을 합리적인 범위에서 유지해야 한다. 현대 과학기술의 성과와 공유기술을 충분히 활용해 '중국제조 2025'를 시행하며 스마트 제조, 첨단 장비와 녹색 제조를 발전시킨다. 공공서비스, 인프라, 혁신 발전, 자원 절약, 환경보호 등 부족한 분야에 대한 투자에 박차를 가해 공급의 품질을 개선한다. 경제의 질적 발전에 대한 요구에 따라 실물경제, 과학기술 혁신, 현대금융, 인적자원과 협동 발전하는 산업체계를 구축해야 한다. 신산업, 신업종을 육성하고 신기술, 신모델을 적극적으로 활용해 전통 산업을 개선해야 한다. 신기술, 신산업, 신서비스, 신모델을 핵심으로 데이터, 정보, 지식, 지혜와 같은 새로운 생산요소를 바탕으로 디지털경제, 스마트경제, 녹색경제, 바이오경제, 공유경제 등 대표적인 신산업의 발전을 촉진한다. 실물경제를 중심으로 신흥산업의 빠른 성장, 전통산업 개선이 서로를 지탱하는 '일체양익(壹體兩翼)'의 새로운 산업발전 구조를 형성해야 한다.

　　서비스업의 업그레이드. 세계 주요 선진국의 경제성장 동력이 전환됨에 따라 중국의 전통적인 서비스업도 전환에 직면했다. 중국 국가 경제구조의 전환이라는 측면에서 서비스업의 발전은 신규업종과 비즈

니스 모델의 진화에 결정적인 "깨진 유리창(Broken Windows)"의 시기에 처해 있다. 현대화된 정보기술과 인터넷 기술 혁신에 의거한 서비스업의 발전 과정에서 생활형 서비스 소비의 질적 불균형, 생산형 서비스업 발전의 상대적 둔화, 공공서비스 공급 효율의 상대적 저하 등과 같은 문제가 나타났다. 이에 서비스업과 정보기술의 융합을 심화하고 기술화와 표준화를 중심으로 글로벌 가치사슬의 거버넌스 모델을 연구해 국내 가치사슬을 글로벌 가치사슬에 접목하는 방안을 모색해야 한다. 첨단기술 서비스업, 생산형 서비스업과 공유경제의 발전을 추진하고 전통적인 제조업의 서비스화, 전통적인 서비스의 첨단화, 전통 서비스 개성화, 외주화, 브랜드화, 국제화를 선도한다.

도시 공간의 발전 구도 개선과 신형 도시화의 추진

신중국 설립 이후 중국은 대도시의 규모를 통제하고 중소도시와 소도시의 규모를 합리적으로 발전시키는 정책을 시행해 왔다. 개혁개방 40년 동안, 중국의 도시화율은 1989년 17.9%에서 2017년 58.5%로 상승했다. 도시 상주인구는 1978년 1.7억 명에서 8.1억 명으로 증가했고, 도시 수는 193개에서 657개로 늘어났다. 19차 당 대회 보고에서는 도시군(群)을 중심으로 규모가 다른 도시(대도시, 중소도시와 향진)가 조화를 이루며 발전하는 구조를 형성하고, 농촌에서 이주한 인구의 시민화를 가속해 산업 발전에 충분한 토지와 인적 자원을 제공한다고 밝혔다. 이에 농업과 2차 산업의 연결을 모색하고 3차 산업과 통합해 농업을 제조업과 서비스업의 유인체로 육성해야 한다. 또한 신형 도시화를 통해 도시와 농촌의 인프라 건설을 보완 및 추진하고 특산품 등 자원을 활용해 도시의 관광형 농업을 발전시킨다. 전자 상거래를 촉진하고, 인터넷+와 현대농업이 어우러진 생태권(圈)을 구축해 농업 분야의 창업을 유인하며 농민이 인터넷을 이용해 부자가 될 수 있도록 해야 한다.

신형 도시화는 강력한 산업적 지원이 필요하다. 2차 산업으로 인구의 결집을 유인하고 2차 산업의 재정 수입을 증대해 신형 도시화에 필요한 재원과 지원을 확보해야 한다. 3차 산업의 서비스 능력을 보완하고 공공서비스 균등화와 주민 소비 진작을 비롯해 양로 서비스, 의료 서비스, 환경 미화, 레저관광 등을 통해 신형 도시화와 3차 산업의 상호 보완을 추진해야 한다. 이를 통해 각기 다른 규모를 가진 도시의 조화로운 발전, 인민의 이익 보호, 사회자본의 참여 유도, 친환경형 아름다운 도시 건설 등을 통해 발전방식과 성장 동력을 전환하고 경제구조를 최적화하여 과학적이고 합리적인 도시화 구도를 구축한다.

거대한 발전 잠재력을 지닌 '일대일로' 구상

2013년 시진핑 총서기가 '일대일로' 구상을 제안한 이래로, 150여 개 국가와 지역이 '일대일로'에 참여하는 등 그 영향력이 날로 커지고 있다. 이는 중국이 전 세계 개방과 협력에 참여하고 글로벌 경제 거버넌스 체계를 개선하며 세계의 공동 발전과 번영을 촉진하고 '인류운명공동체'의 구축을 추진하는 방안이다. '일대일로' 구상이 안정적으로 추진되며 중국의 무역 및 투자 자유화와 간소화 수준이 더욱 높아졌고, 중국의 개방공간이 연해나 하천 지역에서 내륙과 국경지역으로 확대되었다. 육지와 해안, 내부와 외부가 연동되고, 동서가 서로 돕는 개방적인 새로운 구도가 조성되었다. 한편, 중국은 '일대일로' 연선국의 경제발전을 적극적으로 지원했다. 2017년 1-9월 중국 기업이 57개의 '일대일로' 연선국에 신규로 투자한 금액은 96억 달러로, 같은 기간 해외투자총액의 12.3%를 차지했다. 이는 전년 동기 대비 4%p 증가한 수치이다. 비(非)금융 부문의 투자증가 추세가 비교적 빠른 국가는 캄보디아(82.9%), 라오스(68.8%), 말레이시아(68.2%), 러시아(34.1%)이다. 또한 중국 기업도 협력을 통해 꾸준히 이익을 창출했다. 2017년 3분기 61개 '일대일로' 연선국과 신규 체결한 청부공사 계약총액은 967.2억 달러로, 해외청부공사 계약총액의 57.5%를 차지하며 전년 동기 대비 29.7% 증가했다. 달성한 매출총액은 493.8억 달러로, 같은 기간 해외청부공사 매출총액의 48.2%를 차지하며 전년 동기 대비 7.9% 증가했다.

세관 통계에 따르면 2017년 중국과 '일대일로' 연선국의 수출입 총액은 전년 동기 대비 17.8% 증가한 7.37조 위안으로, 전체 증가율보다 3.6%p 높았다. 이중 수출이 4.3조 위안으로 12.1% 증가했으며, 수입은 26.8% 증가한 3.07조 위안인 것으로 나타났다. 중국이 '일대일로' 연선국과 대대적으로 통관 협력 등 무역의 편의성을 제고하는 조치를 시행하며 '일대일로' 연선국과의 무역은 중국 대외무역의 중요한 포인트이자 성장점이 될 것이다.

물론 미중 무역관계는 2018년 중국 경제에 영향을 미치는 가장 중요한 변수가 되었다. 2018년 미중 무역 마찰이 가열되면서 제로섬 게임이 될 가능성이 커지고 있다. 현재 중국의 대미 수출 부가가치는 GDP의 3% 미만이다. 이는 중국의 많은 제품이 여전히 글로벌가치사슬(GVC)의 하부구조에 있다는 사실을 반영한다. 미국, 일본, 한국과 대만도 이 가치사슬 안에 있다. 따라서 미국의 관세 부과 조치는 중국에 영향을 줄 뿐만 아니라 다른 경제권에도 타격을 줄 가능성이 있다.

종합컨대, 중국 경제가 분발하며 앞으로 나아간다면 여전히 멋진 미래를 기대할 수 있다.

4장

중국 개혁개방과
중국인의 삶

허우웨이리(侯偉麗)
우한대학교 경제와 관리학원 교수

계획경제의 폐해와 개혁개방의 필요성

1949년 신중국 성립 이후, 불과 몇 년 내에 사회주의 경제로의 전환이 완성되었고, 공유제와 계획경제체제가 경제 운용의 기반으로 선택되었다. 1978년 전까지 오랜 기간 동안 중국은 계획경제 체제를 유지했다.

　　계획경제는 정부의 계획에 의해 경제활동이 조정되는 경제운영체제를 의미한다. 계획경제의 두드러진 특징은 사회 대다수의 경제자원을 정부가 소유한다는 것이다. 무엇을 생산할지, 어떻게 생산하고 누구를 위해 생산할지 여부가 모두 정부의 계획에 의해 결정된다. 경제활동의 정책결정 권한이 국가에 있고, 정책결정의 권한은 위에서부터 아래로 내려오는 형태로 분배된다. 이상적인 상황에서는 각 단계별로 긴밀하게 연계된 계획을 통해 시장경제의 맹목성과 불확실성을 모면할 수 있을 뿐만 아니라 중복적인 건설, 기업의 악성 경쟁, 공장의 폐쇄, 경제위기 등의 문제를 방지할 수 있다. 그러나 정보의 불확실성으로 인해 관료

조직이 제약요인을 극복할 방법이 없으며, 정부가 실제로 이상적이고 완벽한 계획을 수립할 수도 없다.

계획경제하에서 기업의 생산요소 공급, 제품의 품목, 생산 수량, 제품의 판매 등은 정부의 계획부문과 관련 주관부문의 통제 하에 결정되었다. 기업은 자율적으로 경영할 수 없을 뿐만 아니라 손익을 책임지지도 않았다. 기업은 실질적으로 행정부문의 부속품에 불과했다. 계획경제하에서 개인은 노동자로서, 담당업무와 업무량은 노동인사기관과 단위(單位)에서 계획해 배분되었다. 개인의 노동은 계획을 완성하기 위함이었기 때문에 열심히 일할 필요가 없었다. 소비자로서, 개인의 생필품은 배급표에 의해 공급되었고, 배급표는 단위체제에서 발급했다. 만약 개인이 단위에서 벗어나고 싶다면 생활은 바로 어려움에 처하게 된다. 다시 말해, 개인 역시 실질적으로 행정부분의 부속품에 불과했다. 이로 인해 계획경제하에서는 원래 가장 활발한 경제활동의 주체인 기업과 개인은 모두 활력을 잃게 된다. 이는 사회자원의 심각한 낭비는 물론 비효율적인 경제 운용을 초래했다.

계획경제하에서 중국의 광활한 농촌지역의 경제자원 역시 국가에 의해 엄격히 통제되었다. 각 지역 농촌에서는 정부와 공사(公社)가 하나가 된 인민공사제가 시행되었다. 토지와 생산재는 집체소유가 되었고, 농업생산은 집체노동의 형태로 진행되었다. 무엇을 심고, 얼마나 심는지 모두 지령성 계획에 의해 규정되었고, 지방의 농산품 거래와 농장 운영이 폐쇄되며 기근에 시달렸다. 생활수준이 매우 낮은 농민들을 농촌에 억류하게 하고자 국가는 도시와 농촌이 분리된 이원화된 호적관리 제도를 시행했고, 농촌인구의 도시 이동을 엄격히 제한했다.

계획경제의 직관적인 최악의 결과는 결핍이다. 모든 것이 부족한 상황에서 각종 생활용품이 계획에 의해 공급되었고, 사람들은 가지각색의 배급표를 받아 생활용품을 공급받았다. 1978년에 이르기까지, 오랜 기간 이어진 계획경제는 심각한 결핍을 초래했다. 게다가 문화대혁명이 초래한 국민경제의 거대한 손실이 더해지며 중국의 전반적인 국민경제는 붕괴 직전까지 내몰렸다. 이러한 현실에서 중국은 성찰과 개혁을 시작했다.

개혁개방의 보너스

안후이(安徽)성 펑양(鳳陽)현 샤오강(小崗)촌에서 농가 생산 청부제를 시행한 것이 중국 농촌개혁의 시발점이다. 당시 샤오강촌은 "싼카오촌(三靠村)", 즉 먹는 식량은 국가의 식량 방출에 의지해야 하고, 쓰는 돈은 빈민 구제 지원비에 의지해야 하며, 생산은 대출에 의존해야 하는 지역으로 유명했다. 매년 추수 후 거의 모든 가정이 밖에 나와 구걸을 해야 삶을 이어나갈 정도로 빈곤한 지역이기 때문이다. 1978년 샤오강촌의 18개 가구가 농가경영청부제에 참여한 이후, 이듬해부터 샤오강촌은 식량의 자급자족을 실현했다. 1978년 12월, 중국공산당 제11기 3중 전회에서는 개혁개방의 전면적인 시행이 결정되었다. 덩샤오핑을 대표로 하는 중국의 최고위층 정치가들과 최하위층의 농민들이 함께 중국 역사의 새로운 페이지를 펼쳤다. 이로부터 전국의 경제자원에 대한 정부의 통제는 점차

완화되었고, 시장경제 메커니즘이 경제활동에서 더욱 많은 역할을 하게
되었다. 중국의 개혁은 소위 "돌다리도 만져보고 건너는 것"과 같이 점진
적인 형태로 진행되었다. 이러한 "만져보는" 과정에서 계획이 적어진 반
면, 시장의 조정이 활발해지면서 경제가 비교적 빠른 속도로 발전하고,
인민들의 생활수준 역시 큰 폭으로 향상된다는 사실이 증명되었다.

　　인간은 이기적이고 이성적이기 때문에 이익은 좇아가고 해가 되
는 것은 피한다. 시장경제 메커니즘 아래에서 사람들이 자신의 이익을
부추기고 권력을 분배하자 시장에서 상호호혜적인 교환이 실현되었다.
시장 메커니즘에서 상품 교환과 서비스 제공에 대한 정보는 신속하게
전달될 뿐만 아니라 정확하기 때문에 효율성이 높은 조직적인 생산이
가능하고 경제자원의 최적화된 배분을 실현할 수 있다. 이 모든 현상은
보이지 않는 손에 의해 작동되기 때문에 사회와 경제를 생기 넘치고 질
서 정연하게 만든다.

　　계획경제에서 시장경제로의 전환은 중국에 거대한 개혁의 보
너스를 안겨주었다. 국가통계국이 총평한 바와 같이, 개혁개방 이후의
40년은 주민 전체가 개혁의 성과를 향유하며 생활수준이 눈에 띄게 향
상된 40년이자, 먹고사는 것마저 부족했던 인민들의 생활이 전면적인
샤오캉(小康) 상태로 빠르게 진전된 40년이며, 빈곤퇴치의 성과를 전 세
계가 주목하고 전 세계에서 가장 거대한 안전망이 끊임없이 촘촘해지는
40년이었다.

　　40년 동안, 중국경제의 연평균 성장률은 9.5%로, 전 세계 평균
수준보다 월등히 높았다. 세계은행의 통계에 따르면, 중국의 GDP는

1978년 1,495억 달러에서 2017년 12조 2,377억 달러까지 80배 증가했다. 중국이 세계경제에서 차지하는 비중 역시 1.8%에서 15%까지 증가했고, 경제규모는 11위에서 2위까지 상승했다. 경제총량의 증가와 함께, 중국의 1인당 평균 GDP 역시 1978년 156.4달러에서 2017년 8,827달러까지 56배 증가했다.

개혁이 시작될 당시, 80% 이상의 인구가 농촌에서 생활했지만 8억 명의 인구가 기근에서 벗어나지 못했다. 개혁은 중국 농촌지역에 거대한 생산력을 불어넣었고, 다양한 농산품과 농부산품이 빠르게 증가하며 중국인의 먹고사는 문제를 해결했다. 더 많은 노동력이 농촌에서 해방되면서 중국의 풍족한 노동력은 우위를 발휘하기 시작했다. 대표적으로 주강삼각주의 주문자상표부착생산(OEM) 경제와 저장성의 향진기업이 맹렬한 기세로 발전했다. 중국의 도시화 수준 역시 지속적으로 향상되었다. 1978년 중국의 도시화율은 18%가 되지 않았지만 2017년에 58%까지 상승했다. 사람들은 도시에서 더 많은 수입을 얻을 수 있을 뿐만 아니라 현대화된 생활방식을 향유하게 되었다. 물론 농촌지역에 남은 사람들의 생활수준 역시 향상되었다. 세계은행이 발표한 기준과 통계에 따르면, 중국 농촌의 빈곤인구는 1981년 말을 기준으로 8.78억 명이 이르렀지만 2013년 말까지 8.53억 명이 빈곤에서 탈출했다. 빈곤 발생률 역시 97.5%에서 3.1%까지 하락했다.

중국인의 생활을 변화시킨 개혁개방

중국인의 생활 변화를 비교해 보면, 가장 직접적인 지표는 1인당 평균 가처분 소득의 변화이다. 이 지표는 개인이 자유롭게 소비 또는 처분할 수 있는 소득을 의미한다. 1978년 중국인의 1인당 평균 가처분소득은 171위안에 불과했지만 2017년에 25,974위안까지 증가했다. 소득이 증가함에 따라 중국인의 의식주와 이동, 생활 형태에 거대한 변화가 발생했다.

의복(依) 형태의 변화. 과거에 사람들은 녹색, 파란색, 검정색, 회색 등 몇 가지 종류의 색상만 주로 착용했다. 옷감은 단순했고, 스타일은 제한적이었다. 개혁개방 이후, 도시와 농촌 주민들의 의복에는 세 가지 변화가 발생했다. "보온과 방한"을 추구하는 형태에서 "아름다움과 편의성"을 추구하는 형태로, "한 벌의 의복으로 여러 계절을 지내는" 형태에서 "한 계절에 여러 의복을 착용"하는 형태로, "의복을 만드는" 형태에서 "의복을 구매"하는 형태로 변화했다. 사람들은 의복의 품질, 스타일과 색상의 조화를 더욱 중시하는 동시에 브랜드와 유행, 개성을 추구하기 시작했다.

먹는(食) 형태의 변화. 40년 전 중국인들은 "먹을 만한 것이 없는" 상태였고, 새해를 맞이할 때에도 "만두보다 더 맛있는 것이 없다"고 생각했다. 지금은 먹고 싶은 것을 먹을 수 있게 되었고, 색과 향, 맛을 모두 중시한다. 무엇을 먹을지 선택하는 것조차 고민스러울 정도로 너무 다양한 먹거리가 즐비하다. 엥겔지수는 일정 기간 가계 소비지출 총액에서 식료품비가 차지하는 비율로, 경제 발전 수준이 높을수록 엥겔지수는 낮아진다. 2017년 중국 주민의 엥겔지수는 29.3으로, 1978년의 63.9와 비교해 34.6%p나 하락했다.

주거(住) 형태의 변화. 사람들의 주거공간은 진흙집, 가운데 긴 통로가 있고 양옆에 방이 있는 층집, 대잡원(다가구주택) 등에서 점차 현재의 다양한 건물 형태로 변화되었다. 사용되는 재료 역시 진흙이나 벽돌에서 철근 콘크리트로 변화되었다. 주거 면적은 넓어졌고, 주거환경을 더욱 중시하는 형태로 변화되었다.

이동수단(行)의 변화. 40년 전의 중국은 외출도, 표를 구매하는 것도, 차를 이용하는 것도 모두 어려웠다. 도시 안의 일반인들이 외출할 때 걸음을 대신하는 교통수단은 버스를 제외하고 자전거가 전부였다. 농촌에서는 외출이 더욱 어려웠다. 기본적으로 걸어 다녀야 했고, 달구지나 수레가 주요 교통수단이었다. 만약 장거리 버스를 타야 하면, 일반적으로 오랜 시간을 걸어야 비로소 대로(大路)에 있는 정류장에 도착할 수 있었다. 중국의 교통수단이 다양해지며 점점 더 빠르고 편리하고 편안하게 이동할 수 있게 되었다.

내구소비재의 변화. 1980년대 중국 가정의 가장 중요한 소비품은 자전거, 재봉틀과 손목시계였다. 1990년대에 들어서며 컬러TV, 냉장고와 세탁기로 변화되었고, 2000년대 들어서는 핸드폰, 컴퓨터와 자동차로 다시 변화되었다. 다양한 대형 내구소비품이 수많은 가정에 들어갔다.

의식주 이외에도, 의료, 교육 등 다양한 서비스가 증가하며 중국인의 복지수준 역시 제고되었다. 40년 동안, 중국의 공공위생체계는 끊임없이 개선되었고 인민들의 건강 수준 역시 지속적으로 향상되었으며 기대수명 역시 증가했다. 1978년 남성과 여성의 기대수명은 각각

64.56세와 67.3세였으나 2016년에는 각각 74.8세와 77.8세로, 약 10세 가까이 늘어났다. 이는 전 세계 평균보다 4세, 중등소득국가의 평균보다 1세 이상 많은 수치이다.

교육에서도 많은 변화가 발생했다. 중등교육기관의 총입학률은 1978년의 54.9%에서 2015년 94.3%까지 증가했고, 고등교육기관의 총입학률은 1978년의 0.7%에서 2015년 43.4%까지 증가했다. 이는 중등소득국가의 평균과 비교해 각각 16.5%p와 10.1%p 높은 수치이다. 특히 점점 더 많은 가정들이 경제적인 능력을 갖추며 자녀의 해외 유학을 지원함으로써 중국 아이들이 다양한 교육을 선택할 수 있게 되었다. 교육부의 통계에 따르면, 2017년 해외 유학생의 수가 60만 명을 돌파했고, 이중 90%가 자비로 유학을 떠났다.

"세계는 넓고, 볼거리는 많다"는 것이 많은 이들의 생각이다. 계획경제 시대의 중국에서 여행은 대다수 가정에서 상상도 할 수 없는 것이었다. 그러나 지금은 점점 더 많은 사람들이 일상생활에서 벗어나 여행을 즐기고 있다. 국가여유국의 통계에 따르면, 2017년 중국인의 1인당 평균 여행 회수는 3.7회에 이르는 것으로 나타났다.

시장경제체제의 구축 과정에서 중국인의 유동성은 대대적으로 증가했다. 다양한 경제자원에 대한 국가의 통제가 약화됨에 따라 중국 사회에는 전대미문의 자유로운 공간 이동이 진행되었다. 토지에 기대어 살던 농민들이 도시로 이전하며 경직된 도농 이원화 구도가 점차 완화되었다. 회사에서도 직원의 이직은 흔히 볼 수 있는 일이 되었다.

중국이 직면한 문제점과 극복 방안

결론적으로, 이 40년 동안 중국인의 생활에 거대한 변화가 발생했다. 그러나 발전의 또 다른 측면에 대해, 중국이 여전히 직면한 수많은 문제를 명확하게 인식할 필요가 있다. 매디슨(A. Maddison)은 세계 경제에서 중국의 위상을 연구한 바 있다. 이를 통해 어떤 의의에서 보면 중국의 이 40년의 빠른 발전은 과거 극도로 낮은 발전수준을 보완한 것이다. 중국과 한·미·일의 1인당 평균 GDP 변화를 비교해보면 중국과 이 세 국가의 격차는 여전히 크다는 사실을 알 수 있다. 이외에도, 중국은 발전의 불균형에 직면해 있고, 빈부 격차도 크다. 도농 이원화 구조로 인해 농촌에는 노인과 아이들의 수만 증가하고 있으며 경제성장으로 인한 환경적 대가가 너무 크다. 인구구조도 변하고 있으며 사회 갈등도 증대되고 있다. 지난해부터는 미국과의 무역전쟁에 직면해 있다.

다시 말해, 오늘날 중국이 직면한 어려움과 도전은 크다고 할 수 있다. 이러한 문제에 어떻게 대응할 것인가? 수십 년 동안의 경험과 교훈은 우리에게 개혁개방의 지속적인 심화만이 답이 될 수 있다고 말하고 있다. 작은 정부와 큰 시장에 의거, 정책 메커니즘의 역할 범위를 합리적으로 정립하고 시장경제체제로의 전환을 전면적으로 추진해야 한다. 대내적으로는 시장 메커니즘이 경제자원을 배분하는 주도적인 메커니즘이 되어 다양한 규모와 다양한 소유제의 기업이 시장에서 공정하게 자원을 얻을 수 있도록 해야 한다. 대외적으로는 지속적으로 개방을 확대하고 해외진출과 외자유치를 병행하며 공정하고 상호호혜적인 국제무역 협력을 통해 중국인의 생활수준을 향상시키는 동시에, 다른 국가의 국민들에게 더 많은 기회와 이익을 제공해야 한다.

개혁개방이 중국인의 생활에 가져온 변화는 매우 크다. 아마 꿈에서조차 상상해보지 못한 이들도 있을 것이다. 그러나 어느 사물이든 마찬가지로, 발전 중인 중국에는 여전히 보완하고 개선해야 할 부분이 많다. 이러한 문제를 해결하기 위해서는 시장경제 메커니즘을 더욱 완벽하게 개선해야 한다. 중국인들의 향후 생활이 점점 더 좋아질 것이라고 믿어 의심치 않는다.

정치외교

5장

중국 개혁개방과
정치 발전

옌지룽(燕繼榮)
베이징대학교 정부관리학원 부원장

2018년은 중국 개혁개방 40주년으로 학계에서는 40년의 발전 성과와 경험을 종합적으로 정리하며 이 위대한 역사적 여정을 기념하는 한편, 향후 중국의 발전에 필요한 함의를 찾기 위한 노력을 지속하고 있다. 경제학에서는 경제의 변화에 관심을 가진다. GDP, 산업구조, 시장화율, 자원의 분배 등의 통계지표가 자연스럽게 경제 발전을 증명하는 유력한 단서가 된다. 마찬가지로, 사회학에서는 사회의 변화에 관심을 가진다. 인구 변동, 사회구조, 도시화율, 사회단체의 발전 등의 요인이 사회 발전을 분석하는 효율적인 도구가 된다. 정치학에서도 역시 정치의 변화에 관심을 가진다. 그렇다면, 어떠한 이론과 지표가 40년의 정치 발전을 가장 잘 반영할 수 있을까?

현대화 진행 과정에서의 발전

역사적인 시각에서 보면, 중국은 수백 년 동안 현대화를 진행하며 변화하고 발전했다. 예를 들어 1840년을 중국 현대화 과정이 시작된 기점으로 간주하면, 지금까지 178년이 된 셈이다. 이 178년의 시간 동안 정치 무대는 "다른 이가 노래를 마치면 내가 등장하는" 변화가 이어졌다. 중국의 현대화는 한 편의 미니시리즈와 같이 파란만장한 이야기를 전개하며 손에 땀을 쥐게 해왔다.

전통적인 제국의 유산을 상징하는 청(淸)왕조의 마지막 71년 동안, 중국은 태평천국운동(1851-1864), 양무운동(1860-1890년대), 청일전쟁(1894-1895), 무술변법(1898), 의화단운동(1899-1901), 동맹회 성립(1905), 신해혁명(1911) 등 중대한 정치적 사건을 거쳐 1912년 중화민국을 선포하며 왕조통치의 종결을 선언했다.

중화민국이라는 명칭 하에 국민당이 전국을 통치한 37년 동안에도 신문화운동(1915), 황제제도의 부활(1916), 군벌할거(1916-1926), 5·4 운동(1919), 중국공산당 창당(1921), 제1차 국내 혁명전쟁(1927-1937), 항일전쟁(1937-1945), 제2차 국내 혁명전쟁(1946-1949) 등 중대한 사건들이 발생했다. 결과적으로 국민당이 대만으로 퇴각하고, 공산당이 대륙을 장악했다.

1949년 이후 약 70년의 시간 동안, 중국 내에서는 사회주의 개조(1952-1956), 대약진운동(1958-1960), 문화대혁명(1966-1976) 등 중대한 사건이 발생했고, 뒤를 이어 1978년 개혁개방의 시대에 진입했다. 40년의 개혁개방 동안, 중국공산당의 지도층은 "계급투쟁을 중심"으로 하는 정책적 사고와 작별을 고하고 "경제건설 중심"의 정책을 추진했다. 먼저 농촌에서는 과거의 "인민공사제"를 대신해 "농가생산책임제"의 생산 및 관리 방식을 전면적으로 추진했고, 도시에서는 "비공유제 경제방식"을 장려하는 동시에, 국유기업과 집체소유제기업의 체제 전환을 단행했다. 지역발전을 위해 시험구 모델을 채택하여 개혁개방특별행정구를 조성하고 경제발전특구 모델을 보편적으로 추진하면서 전국의 "특구화"를 실현했다. 자원분배를 위한 시장화 개혁을 진행하는 동시에, 글로벌화를 위한 노력을 병행했다. 또한 외자도입과 해외진출 정책을 제정하는 한편, 기업이 다양한 방식을 통해 기술 및 산업의 업그레이드를 실현하도록 장려했다.

40년의 개혁개방을 통해 중국은 거대한 이익을 창출했다. 경제 데이터를 보면, 40년 동안 GDP는 연평균 9% 이상 증가했다. 가장 높았던 1984년과 2007년에는 15%에 근접했다. 1978년 개혁개방 이후 5년 동안 380-530여 위안에 불과했던 1인당 평균 GDP는 최근 5년(2012-2016) 동안 40,000-53,000여 위안까지 증가했다. 국제기구의 데이터도 다르지 않다. 1980년, 중국의 1인당 평균 GDP는 148개 국가 중 130위에 불과했지만 2017년에는 232개 국가 중 70위로 상승했으며, 1인당 평균 GDP는 9,481달러에 이른다.

현대화 발전을 반영하는 중요한 지표 중 하나가 도시화율이다. 중국 정부가 공포한 통계에 따르면, 개혁개방 40년 동안 중국의 도시화율은 경제성장과 함께 급격하게 증가했다. 1978년 중국의 농촌과 도시에는 각각 7.9억 명과 1.7억 명의 인구가 주거했지만, 현재는 57%(약 9억 명)의 인구가 도시에서 생활하고 있고, 43%(약 4억 명)만이 농촌에서 생활하고 있다.

이외에도 수많은 데이터가 40년의 변화를 설명하는 동시에, 중국의 발전과 성과를 증명하고 있다. 이러한 두드러진 데이터로 인해 "중국의 기적", "중국 모델", "중국의 부상" 등의 주제가 수많은 사람들의 관심을 받게 되었다.

중국 연구의 어려움

개혁개방 40년은 중국 현대화의 중대한 발전 시기이다. 그러나 이는 중국 연구의 어려움으로 작용하기도 한다. 일부 학자들은 중국이 붕괴될 것이라고, 어쩌면 생각했던 것보다 빨리 붕괴될 것이라고 주장한다. 이러한 소위 "붕괴론"적 관점은 대체적으로 몇 가지 이론에 기인한다. 먼저, 현대화 이론이다. 현대화는 17세기 시작된 사회발전의 특정단계 혹은 객관적 추세이며, 사회단체, 생산 및 생활방식의 전환 등을 유발한다. 따라서 생활의 도시화, 생산의 기업화, 조직의 다양화가 사회의 보편적인 특징이 되며, 법치추의, 협력주의(協作主義), 민주주의 등이 국가를 관리하는 기본적인 방식이 된다. 이 이론에 의거하여 일부 중국연구자들은 중국의 정치체제가 빠른 현대화 과정에 순조롭게 대응하지 못해 "이변이 없는 한" 결국 붕괴될 것이라고 인식한다.

두 번째는 민주화 이행론으로, 이 이론의 추종자들은 민주주의를 인류 정치의 최종 목표라고 인식하며 어떠한 정치체제든 결국 민주주의로의 전환을 시행한다고 믿는다. 이들은 전 세계적으로 나날이 고조되는 민주화 추세에서 중국 역시 다른 권위주의 국가와 마찬가지로 "민주혁명"에 직면할 것이고, 설사 1991년 소련이 해체되는 것처럼 붕괴되지는 않더라도 동유럽의 정권 교체와 같은 "색채혁명"이 나타날 것이라고 주장한다.

세 번째는 경제발전의 불균형론으로, 경제의 발전과 전환 과정에서 중국의 불균형으로 인한 갈등이 더욱 돌출될 것이라는 주장이다. 다른 국가들과 비교해, 중국의 지니계수가 오랜 동안 전 세계 30위권을 유지하고 있다. 이는 중국의 객관적인 불평등이 심각한 수준에 이르렀음을 의미하며 그 결과는 필연적으로 가난한 이들의 혁명을 초래한다는 논리이다.

상술한 이론에 근거해, 시장화 개혁을 추진하면서 중국은 정치적으로 중대한 변화, 예를 들어 1991년의 소련 해체나 동유럽의 "색채혁명"과 같은 격변이 발생할 것이라고 예측하는 이들도 있다. 2010년 말, 튀니지의 "쟈스민혁명"으로 촉발된 아랍세계의 정치변동으로 인해 해외 학자들 사이에서는 중국의 정치변화에 대한 추론이 확산되었다. 이렇게 중국체제가 개혁개방 가운데 근본적으로 변화하기를 희망하는 이들의 입장에서 보면, 현실의 중국은 하나의 "기적"과 같다. 중국정부는 수차례의 위기에도 무너지지 않았을 뿐만 아니라 오히려 "중국의 부상"이라는 경제발전을 더욱 공고히 했기 때문이다. 사람들은 이러한 "기적"에 대해 다양한 해석을 시도했고, 이에 "중국붕괴론" 이후 "권위주의의 복원력(탄력)"이라는 표현이 재차 등장했다. 예를 들어, 네이슨(Andrew J. Nathan)은 "탄력적 권위주의(Resilient authoritarianism)"라는 표현을 사용해 중국이 "사회수요에 대해 충분히 대응할 수 있는 권위체계"를 가진 국가이며 이것이 중국공산당이 오랫동안 권력을 장악하고 통치를 유지할 수 있는 핵심적인 요인이라고 주장했다. 네이슨의 영향을 받아 일부 학자들은 "행정수리"의 개념을 제시하며 중국공산당의 집권능력이 향상되었다는 사실을 설명했다. "연성 권위주의"(soft authoritarian) 정치체제 및 일당집권의 "협의체 레닌주의"(Consultative Leninism)의 개념을 통해, 진보적이고 전향적인 권위정권이 성장주도형 경제자유화와 다른 의견에 대한 습관적 봉쇄(조직 및 집회의 자유, 투표권, 언론의 자유, 온라인상의 자유 등을 포함)를 통해 정권을 연장하고 민주화의 지연을 야기한다는 견해도 있다.

경험과 결과의 시각으로 "권위주의의 탄력"을 설명함으로써 일정 부분에서 중국 정치가 복잡성을 내재하고 있다는 인식이 확산되었으나 중국의 미래에 대한 믿음은 결코 주지 못하는 결과가 나타났다. 전과 다름없이 많은 학자들이 "권위주의의 탄력"에 대해 자신의 견해를 표출했다. 예를 들어, 카네기국제평화재단의 중국업무국장을 역임한 민신페이(Minxin Pei) 교수는 저서 『덫에 걸린 중국의 전환기』(China's Trapped Transition)를 통해 "전국적인 개혁정신에서 혹은 원대한 식견을 가진 개혁자가 부재한 상황에서, 중국은 어디로 통하는지 모르는 길을 걷고 있는 것과 같지만 개혁의 필요성을 부정하지는 않는 바, 이러한 어려움이 오래 지속될 것이다. 이러한 정세로 인해, 공산당은 일정한 시간을 어떻게든 보내겠지만 중국이 커다란 변동이 없는 상황에서 편향된 노선을 바로잡아 시장경제를 시행하는 민주국가로 전환하는 것은 상상하기 어렵다"는 결론을 도출했다.

UCLA 중국연구센터의 리차드 바움(Richard Baum) 주임은 2017년

1월 17일 발표한 「권위주의 탄력의 한계」(The limits of authoritarian resilience) 제하 논문에서 중국 지도자들이 채택한 행정수단에 대한 관심을 표명했다. 바움 주임은 이러한 수단이 사회의 용인, 협상과 제약 메커니즘의 효율성을 점차 증대시킬 수 있지만, 동시에 장기적으로 볼 때 정치문책제도, 책임제와 대중의 권한 부여 범위 등의 확대에 제약을 초래한다고 지적하며 중국 미래의 불확실성에 대한 견해를 밝혔다.

결론적으로, 상술한 중국 연구들은 현대화(공업화 기반의 경제 발전 + 교육 증대 + 국가 개방 + 정보 유동) → 민주의식 → 민주화운동(민주혁명) → 민주정치("역사의 종말")와 같은 정치발전 논리를 내재하고 있다. 이러한 논리는 19세기 프랑스의 사상가 토크빌(Alexis de Tocqueville)의 "민주화는 객관적인 역사의 추세"라는 인식과 최근 일부 정치가들의 "민주화는 현대화의 총체적인 결과 중 하나"라는 주장과 같다. 이러한 장기적인 역사적 발전 추세에 기인해 형성된 일반적인 분석예측 모델은 구체적인 국가의 발전 과정을 해석함에 있어 더 많은 현실적인 요인을 각 분석단계마다 고려할 필요가 있다. 구체적으로, 민주화가 반드시 기세등등하게 대규모의 "혁명운동"으로 시작되는 것은 아니며, 소위 권위주의 정치체제의 몰락과 반드시 동반하는 것도 아니다. 오늘날 중국연구를 돌이켜보고 검토해보고자 한다면, 중국 정치 환경의 변화, 중국집권당 자체의 개혁과 같은 특별히 관심을 갖는 요인을 제외하고, 정치발전 목표의 다원성, 정치발전의 단계성, 정치발전 실현 방식의 다양성 등도 함께 고려할 필요가 있다.

중국 정치발전 이론과 실제

대중의 요구(public demand)와 정부의 효능(government effectiveness)은 정치를 분석하기 위한 두 가지 분석단위이다. 이 두 가지는 상호보완적인 관계로, 이들의 상호작용이 한 국가의 정치현황 및 발전방향을 결정한다. 대중의 요구를 분석단위로 문제를 분석하면, 민주화는 어쩌면 관심의 핵심이 될 수 있다. 반면 정부의 효능을 분석단위로 현실을 관찰하면, 정부의 능력(대중의 요구에 대한 자주성, 반응성, 주도성 등의 혁신능력)이 고찰의 중점사안이 된다.

정치학 연구는 통상적으로 현대화가 대동한 사회의 변천(change)과 사회가 제공할 수 있는 제도화(institutionalization) 과정을 쌍방향 운동으로 간주하며, 제도의 공급을 사회수요 변화의 해결방안으로 인식한다. 예를 들어, 헌팅턴(Samuel P. Huntington)은 사회동원능력을 언급하며 사회의 현대화가 동반한 일련의 변화가 결국 새로운 사회적 요구로 전환되는데, 이러한 요구가 기존 질서에 대한 도전이 되기도 하지만 도전에 대한 대응방법이 제도화 수준을 제고한다고 분석했다. 헌팅턴의 이론은 적극적인 제도 개혁과 제도 혁신을 통해 사회변화에 대응한다는 주장을 뒷받침하는 동시에, 제도의 공급이 사회질서의 결정적인 요인이라는 관점을 뒷받침한다.

정치학 연구는 우리에게 제도의 공급이 국가 거버넌스의 수준을 결정한다고 알려준다. 정부는 제도(규칙)의 주요 공급자이다. 따라서 정부의 사회의 수요에 적응(보다 더는 사회의 수요를 '개발')하는 능력과 혁신적으로 제도(규칙)를 공급하는 능력이 정치의 현실과 발전방향을 결정한다.

상식과 경험을 통해, 정부가 무능하면 국민이 피해를 입고, 정부가 정당하지 않으면 민주화가 고조되었다는 사실을 확인할 수 있다. 정부가 정책혁신 및 제도 공급 능력이 부족하거나 공명정대하지 못하면 그 피해는 고스란히 국민들이 받게 되고, 결국 민주화 혁명을 위한 잠재된 위험을 싹틔운다. 반면, 공정하고 혁신능력을 갖춘 정부는 국민의 입장에서 보면 행운이며, 사회 안정의 튼실한 기반이 된다. 정치 발전의 역사는 민주화가 끊임없이 실현되는 역사로 볼 수 있고, 정부가 사회적 요구를 만족시키기 위해 끊임없이 혁신하는 역사로 볼 수도 있다. 정부의 혁신이라는 시각에서 보면, 사람들이 예상하는 것과 달리 중국에 정치적 격변이 발생하지 않는 이유는 "민주화의 관성"이나 "권위주의의 복원력"으로 해석할 수도 있고, 중국 체제 내에 끊임없이 개혁과 혁신을 추진하여 위기를 해소하는 능력이 줄곧 존재해왔기 때문이라고 해석할 수도 있다.

중국의 40년 정치 발전과 관련하여, "거버넌스 개혁"을 기반으로 한 연구도 이미 많이 진행되었다. "전체주의(totalism)에서 권능주의"로 개괄할 수 있다고 주장하는 학자도 있고, 40년의 거버넌스 개혁을 제도적 신임에서 제도적 자신감의 변화로 해석하는 학자도 있다. 어떠한 표현이든 관계없이 거버넌스의 개혁과 혁신은 중국학자에게 비교적 인정받는 해석이다. 개혁개방 40년 동안 중국에는 수많은 변화가 발생했고, 이러한 변화의 적극성은 긍정적으로 인식된다.

먼저 거버넌스 개념의 변화이다. 중국공산당은 혁명형 정당으로, 정치혁명과 사회혁명을 통해 오랜 기간의 무장투쟁을 거쳐 국가의 정권을 장악하며 국가 거버넌스의 주요 책임자가 되었다. 혁명형 정당은 조직형태, 이론 및 강령, 행동노선 등에서 혁명화, 정치화, 이데올로기화된 특성을 가지고 있다. 1949년 새로운 정권체계가 수립된 이후, 중국공산당은 비교적 오랫동안 혁명과 건설의 각기 다른 성격을 정확히 인지하지 못했다. 자체적인 전환에 대한 필요성 역시 자각하지 못한 채 "계급투쟁 강령"을 지속적으로 견지하며 군사화 혹은 준(準)군사화된 조직을 통한 생산과 분배의 방식을 채택했다. 또한 사회에 대해 "계획+운동"의 집중식 관리 모델을 시행했다. 1978년 개혁개방 이후, 중국공산당 지도자들은 국가건설과 정치혁명의 성질과 임무가 완전히 다르다는 사실을 인식했고, 이에 스스로 "계급투쟁 강령"의 이념을 포기하며 "경제건설 중심"으로 전환하는 동시에, 혁명화, 정치화의 과정을 시작하고 혁명당에서 건설당과 집정당으로의 전환을 실현하기 위해 노력했다. "계급투쟁 강령"의 포기와 "경제건설 중심"의 견지에서 다시 "국가 거버넌스 체계와 능력의 현대화 추진"은 중국공산당의 거버넌스 이념이 적극적으로 변화했다는 사실을 반영한다.

두 번째는 거버넌스 체계의 개혁이다. 중국은 발전이 빠르고 변화가 큰 40년 동안 거버넌스 체계 개혁을 지속해왔다. 40년 동안의 개혁을 단계별로 추진하며 심화시켰다. 1970년대 말, 농촌생산책임제를 시작했고, 이후 도시에서 기업생산경영책임제의 추진으로 확대했으며 1990년대에는 시장화 개혁을 단행했다. 이후 오늘날까지 자원 분배가 가능한 시장화를 전면적으로 심화하고, 경제체제의 개혁을 지속하며 선도적인 역할을 수행했다. 1980년대에는 당과 국가의 지도체제를 개혁하기 시작했다. 이 개혁이 심화되며 당 지도체제의 끊임없는 순응, 행정체계의 8회에 걸친 개혁, 오늘날 당과 국가기구의 개혁에 이르기까지 당정 체계는 대체로 5년마다 중대한 조정을 진행했다. 1990년대에는 사회관리 체제의 혁신적인 개혁을 추진했다. 기층민주, 사회자치 등의 가치와 의의가 점차 명확해짐에 따라 사회단체, 사구(社區, 도시주민들의 거주지역)건설, 공민참여 등 거버넌스 메커니즘이 점차 확립되고 개선되며 사회 거버넌스의 새로운 국면을 맞이했다. 40년의 체제 개혁을 통해 중국은 계획형+관리형+동원형 체제에서 발전형+혼합형(계획경제+시장경제)+상부의 정치협상+기층의 민주협상형 등이 결합된 혼합체제로 전환하게 되었다.

　　세 번째는 거버넌스 정책의 변천이다. 40년의 개혁개방 동안, 중국정부는 이데올로기 주도 정책에서 발전 주도의 정책으로, 다시 거버넌스 주도의 정책으로 전환했다. 1978년 12월, 중국공산당 제10기 3중 전회에서 "경제건설 중심" 노선이 제기된 이후, 중국은 줄곧 "발전은 확실한 도리"라고 강조했다. 2003년 7월, 중국공산당 16차 전국대표대회에서 "사람을 모든 것의 근본으로 삼고, 전면적이고 협조적이며 지속가능한 발전관을 수립하며, 경제사회와 사람의 전면적인 발전을 촉진한다"고 제시했다. 또한 "도시와 농촌의 발전, 지역의 발전, 경제사회의 발전, 사람과 자연의 조화로운 발전, 국내 발전과 대외개방 등을 총괄해야 한다"는 요구를 기반으로 각 사업에서 "과학발전관"을 추진해야 한다고 강조했다. 2015년 10월, 중국공산당 제18기 5중 전회에서는 혁신, 조화, 녹색, 개방, 공유의 발전이념을 강조했다. 경제발전을 강조하며 각 성별 GDP 경쟁 구도가 형성된 결과, 건설의 중복, 생산 과잉, 자원 낭비, 환경 파괴, 구조 불균형, 양극화 등의 문제가 초래되었다. 이에 중국공산당은 발전

과정에서 나타나는 새로운 문제에 초점을 맞춰 더욱 적극적이고 효율적인 통치 정책을 채택하기 위해 "거버넌스"를 강조했다.

마지막으로 거버넌스 행위의 순응이다. 40년 동안, 중국 당정체제의 지위와 역할에는 변화가 발생하지 않았으나 현실에서의 정치주체 및 당정 관계, 중앙과 지방 관계, 도시와 농촌 관계, 정부와 기업 관계, 정부와 사회 관계는 끊임없이 변화해 왔다. 또한 당과 정부 각 부문의 행위방식 역시 엄격한 당 관리(從嚴治黨), 법치국가, 법치정부, 법치사회 등의 건설 과정에서 규범이 형성되었다. 대중의 권익의식, 법률의식, 민주의식이 보편적으로 증대되면서 정부와 대중, 국가와 사회의 관계도 변화했다.

40년 동안의 개혁개방과 발전/거버넌스는 중국의 일이지만 보편적인 의의를 가진다. 먼저, 변하지 않는 고정불변의 국가나 체제는 없다. 국가가 해체되거나 정권이 와해된 국가는 공교롭게도 고정불변의 국가였거나 개혁을 반대하고 변화를 거부한 국가 혹은 체제였다. 다음으로 40년 동안의 개혁개방 및 중국공산당의 변혁은 이데올로기화된 혁명형 정당의 세속화를 보여준다. 혁명당은 반드시 건설당과 집정당으로 전환되는 자아혁신을 거치며 비로소 집권 과정에서 자신의 위상과 방향을 찾으며, 이는 세속화된 경제발전을 통해 집권 연장을 위한 주도적인 역할을 발휘한다. 40년 동안의 개혁개방 및 발전 과정은 국가발전과 국가거버넌스의 균형성도 보여준다. 모든 국가들은 발전과 거버넌스의 균형을 모색한다. 발전만 추구하고 거버넌스를 포기하는 국가는 물론, 거버넌스만 추구하고 발전을 포기하는 국가는 없다. "발전 없는 거버넌스"와 "거버넌스 없는 발전" 모두 국가에 부담을 준다. 중국의 발전과정은 상술한 균형성을 증명한다는 점에서 의의가 있다.

종합컨대, 최근 100여 년의 역사에서 중국은 확실히 거대한 변화가 나타났다. 국가의 존립을 지키는 것에서부터 독립과 통일의 도모, 경제 발전, 국가 거버넌스의 현대화 추진까지, 중국은 현대화 과정에서 끊임없이 전진하며 현대국가 건설이라는 임무를 완성하기 위해 노력했다. 지난 170여 년의 역사를 돌이켜 보면, 40년의 개혁개방이 중국 현대화 발전의 가장 순조로운 시기였음을 부인할 수 없다. 특히 40년의 개혁개방을 거치는 동안 현대국가 건설이라는 주제가 이어졌으며 정치건설, 경제건설, 사회건설, 국방건설, 생태건설이 점진적으로 추진되었고, 이는 국가 거버넌스의 법치화, 제도화, 민주화, 사회화를 위한 공통된 역량으로 전환되었다.

결론을 대신하여

중국의 개혁은 전형적인 의의를 가진다. 이러한 전형성은 국가의 경제시장화, 자유화, 글로벌화에서 거대한 잠재력을 드러냈을 뿐만 아니라 국가 거버넌스 방식의 전환에서 거대한 효과를 창출했다. 과거의 정치발전 평가는 전제주의 – 권위주의 – 자유민주주의 등의 분석틀을 기반으로 민주화에 특별한 의의를 부여하거나 중요한 평가지표, 심지어 결정지표로 간주했다. 이러한 평가방법 하에, 중국은 관찰 가능한 지표에서 두드러진 변화가 없었기 때문에 학술연구에서 풀리지 않는 "의문", 즉 시장주도의 경제발전과 민주화되지 않은 정치체제가 어떻게 공존 가능한 것인지에 대한 의문의 대상이 되었다. 일부 서방학자들은 "권의주의의 복원력"을 통해 이 "의문스러운 집단"을 해석하고자 시도했지만, 다른 시각을 통해 40년 동안 개혁개방의 이행과 적극적인 변화를 해석하는 것이 더욱 바람직하다.

객관적으로, 중국은 현대국가가 필요한 기본적인 요인, 예를 들어, 주권의 통일된 건설, 정부의 기능화 건설, 정권의 제도화 건설, 경제생활의 공업체계 건설, 경제조직의 기업화 전환, 사회생활의 도시화 추진 등의 요인을 이미 일정 수준 갖추었다. 그러나 경제규모, 1인당 평균 수입, 인프라, 공공서비스, 민생사업 등에서 놀라운 업적을 실현했지만, 여전히 지역발전 불균형, 도농 격차 증대, 수입 격차 확대, 환경파괴, 심각한 권력형 부패, 안전사고 발생, 군체성 사건 발생 등 수많은 문제에 직면해있다는 사실도 부인할 수 없다. 이러한 문제는 현대국가 건설의 안정성이나 지도층의 합리성 등에서 여전히 보완해야 할 점이 있다는 사실을 증명할 뿐만 아니라 제도화, 법치화, 민주화, 시장화, 사회화 등 국제사회가 보편적으로 인식하는 경험과 원칙의 시행에서도 여전히 비교적 갈 길이 멀다는 사실을 나타낸다. 오늘날 중국 지도자들은 '인류운명공동체' 방안을 야심차게 제의했다. 그러나 경제를 어떻게 지속가능하게 발전시킬 것인가? 빈곤을 어떻게 퇴치할 것인가? 관료의 부패를 어떻게 방지할 것인가? 환경오염을 어떻게 막을 것인가? 민주화 도전에 어떻게 대응할 것인가? 법치를 어떻게 추진할 것인가? 등과 같은 문제에 대해 적절한 대답을 내놓기 전까지 중국은 주도적인 역할을 하기 어려울 것이다.

6장

중국 개혁개방과 국가대전략

먼훙화(門洪華)
통지(同濟)대학교 중국전략연구원 원장

대외개방은 중국이 세계와의 관계를 처리하는 핵심적인 경로로, 중국과 세계의 긍정적인 상호작용을 촉진하며 중국이 제창한 평화발전 노선의 본질적인 특성이 되었다. 대외개방과 대내개혁은 협력적이고 보완적인 관계로, 오늘날 중국의 운명을 결정한 핵심적인 선택이자 중화민족의 위대한 부흥을 위해 반드시 거쳐야 하는 길이다.

중국 평화발전의 지표

중국공산당 제11기 3중 전회의 결정에 따라 중국은 개혁개방의 시대에 진입했다. 이는 중국 현대화의 역사적인 전환점이자 발전과정에서 중요한 이정표가 되었다.

사상적으로, 중국은 교조주의와 개인숭배에 대한 굴레에서 벗어나 실사구시(實事求是)의 사상노선을 견지하며 마오쩌둥 사상을 발전시

컸다. 뒤이어 '덩샤오핑 이론', '삼개대표' 중요사상, '과학발전관'을 제창하며 중국 특색 사회주의 이론 체계를 확립한 이후, '시진핑 신시대 중국 특색 사회주의 사상'을 형성했다. 개혁개방 이후 40년은 중국이 사회주의의 우월성, 사상해방, 관념의 변혁을 재차 확인한 가장 좋은 시기라고 할 수 있다.

정치적으로, 중국은 오랜 기간 이어진 동란을 종식하고 국가의 기본제도와 사회질서를 점진적으로 재건했으며 민주와 인권을 발전시키고 사회주의 법치건설을 전면적으로 추진했다. 이로써 중국은 국가제도가 파괴되고 효력을 상실한 시기에서 국가제도를 건설하는 시기로 진입했다. 개혁개방 이후 40년은 건국 이래로 가장 정치적으로 안정되고 발전된 시기라고 할 수 있다.

경제적으로, 중국은 고속성장을 지속하는 경제적 도약기에 진입하며 경제성장률이 가장 빠른 대국이 되었다. 선진국과의 발전 격차가 급격히 감소했으며 인민들의 생활수준은 현저히 향상되었다. 빈곤인구가 대대적으로 감소했고, 도시화가 급격하게 진행되었다. 개혁개방 이후 40년은 중국 역사상 경제적으로 가장 활기가 넘치고 번창한 시기라고 할 수 있다.

국제적으로, 중국은 폐쇄적인 국면을 타개하고 경제 글로벌화와 지역일체화에 적극 참여했다. 국제체계와 상호작용에서 중국은 국제사회에 융화되기 위한 발걸음을 재촉하며 빠른 속도로 세계적인 경제대국, 무역대국, 개방대국으로 부상했다. 또한 중국의 이념, 중국의 사상, 중국의 지혜, 중국의 방안에 전 세계가 많은 관심을 가지며 세계의 평화와 발전에 중대한 공헌을 했다. 개혁개방 이후 40년은 중국 역사에서 주도적인 개방, 신속한 국제화, 전 세계적인 사안에 중대한 영향력을 발휘한 시기라고 할 수 있다.

시진핑 주석은 "중국공산당 제11기 3중 전회를 변곡점으로 중국은 개혁개방의 역사적인 대장정을 시작했다. 농촌에서 도시까지, 시험에서 확산까지, 경제체제 개혁에서 개혁의 전면 심화까지, 40년 동안 많은 이들이 합심하여 견고한 성을 쌓았고, 40년 동안 연마하고 분발하였으며, 40년 동안 적절한 봄바람이 불고 비가 내려, 중국 인민들의 두 손으로 국가와 민족의 발전의 웅장한 대서사시를 써내려왔다"고 강조했다.

중국 대외개방의 성과

1978년부터 지금까지 개혁과 개방을 주요 노선으로 중국의 경제와 사회는 빠르게 발전했다. 주도적으로 국제사회에 편입하고 수많은 대국들 가운데 가장 빠르게 종합국력을 증진함으로써 협력적이고 책임감이 있으며 건설적이고 예측가능한 국제체계의 "모델러(modeler)"가 되었다.

1978-2017년까지, 중국의 연평균 GDP 증가율은 9.5%를 기록했다. 이는 미국 경제가 비약적으로 성장한 1870-1913년까지의 평균 증가율(3.9%)보다 5.6%p 높으며, 1950-1973년까지의 일본(9.3%)보다 0.2%p, 1990-2015년까지의 인도(6.5%)보다 3.0%p 높은 수치이다. 중국은 매우 짧은 기간 내에 경제적 위상을 역전시켰다. 1978-2017년까지 중국인의 1인당 평균 GNI(명목 국민총소득)가 190달러에서 9,000여 달러까지 증가하

며 저소득국가에서 중등소득국가의 반열에 진입했다. 이 기간 동안 중국에서는 전 세계 빈곤인구의 71.82%에 이르는 약 7.15억 명이 빈곤에서 탈출했다.

국제무역에서 중국의 위상도 대대적으로 높아져 1978년 32위에서 2017년 1위까지 상승했다. 화물 수출입총액의 경우, 전 세계에서 중국이 차지하는 비중은 1978년 2.9%에서 2017년 12.0%까지 증가하며 전 세계 최대 무역국이자 130여 개 국가의 최대 무역파트너가 되었다. 40년 동안 중국이 유치한 해외직접투자(FDI)액은 연평균 15.2% 증가했다. 중국은 전 세계에서 가장 많은 해외직접투자를 유치하고 해외로 출국하는 관광객과 해외로 유학을 떠나는 인구가 가장 많은 국가가 되었다. 뿐만 아니라 해외직접투자와 발명특허 부문에서는 전 세계 2위를 차지했다. 중국의 해외투자는 빠르게 증가해 2017년 말까지 비금융 부문의 FDI 잔액(stock)이 1.48조 달러에 이르렀다. 이로써 중국은 자본이 양방향(two way)으로 흐르는 단계에 진입했다.

18차 당 대회 이후, 중국은 자유무역지구가 선도하는 새로운 개방형 경제체제를 구축했고 '일대일로' 구상을 적극 추진했으며 글로벌 경제 거버넌스 체계 개혁에 참여했다. 개방을 전면 심화했을 뿐만 아니라 전 세계와 심도 있는 융합을 통해 공리·공영의 새로운 국면을 형성하기 위해 노력했다. 2012-2017년, 중국의 GDP는 연평균 7.1%의 증가율을 보이며 54조 위안에서 82.7조 위안으로 증가했고, 전 세계 경제에서 중국이 차지하는 비중 역시 11.4%에서 15%까지 증가했다. 1인당 주민소득은 연평균 7.4%의 증가율을 기록하며 전 세계에서 인구가 가장 많은 중등소득국가가 되었다. 공세적인 빈곤퇴치 정책이 진전되며 6,800여 만 명의 빈곤인구가 감소했고, 830만 명이 빈곤지역에서 벗어났으며 빈곤 발생률은 10.2%에서 3.1%까지 하락했다.

개혁개방 40년 동안, 중국은 전 세계에서 두 번째로 큰 경제주체가 되었을 뿐만 아니라 전 세계 최대 무역국, 최대 수출입국, 최대 외환보유국이 되었다. 이와 함께 투자유치와 해외투자에서도 각각 2위와 3위를 차지하며 세계경제에서의 위상과 영향력이 끊임없이 제고되었다. 이로써 중국은 2차 세계대전 이후 규모가 큰 개발도상국이 빠르게 부상하는 기적과 개방이 발전을 촉진한 모범적인 사례를 창조했다. 개방형 경제의 지속적이고 빠른 발전은 중국 경제사회의 발전에 강력한 원동력을 주입했고, 이로써 중국은 전 세계 경제발전의 중요한 엔진이 되었다. 2008년 글로벌 금융 위기 이후, 전 세계 경제발전에서 중국이 차지한 공헌도는 30% 이상이었다. 중국은 선진국이 수백 년에 걸친 발전의 길을 40년 만에 완성하며 세계 경제발전의 주요 안전장치이자 동력원이 되었다. 중국이 큰 뜻을 품고 희생을 무릅쓰며 용감히 추진한, 지금까지 온 힘을 다해 모색해 온 중화민족의 위대한 부흥이 현재 실현되고 있다.

중국 대외개방의 국제적인 영향

대국의 굴기는 국제사회 고유의 이익구도에 가장 먼저 충격을 준다. 그리하여 권력구도에 영향을 미치고 최종적으로 국제체계의 변화를 초래한다. 지난 25년, 심지어 50년을 볼 때, 중국은 동아시아, 나아가 전 세계에서 영향력이 확대되는 과정을 경험했고, 이 과정은 더욱 빨라지고 있다. 중국의 굴기가 새로운 글로벌화 추세, 국제질서의 전환 등과 거의 같은 속도로 진행되고 있기 때문에 중국의 발전은 향후 전 세계 미래에 영향을 미치는 중요한 요인 중 하나가 되었다. 중국은 새로운 지역일체화의 추세를 놓치지 않으며 동아시아에서 주도적인 역량을 가진 국가가 되었다. 중국의 개혁개방 과정을 비추어볼 때, 중국은 대외개방, 경제 글로벌화와 지역일체화의 주도적인 융합을 통해 중국에 필요한 외부환경과 요소를 얻어왔고 발전의 공간과 시장을 확대해왔다. 이는 개혁개방의 조치가 중국의 국가이익에 최대한 부합했다는 사실을 증명한다.

1900년대 중후반, 중국은 빈곤하고 세력이 약한 대국에서 강국으로 발전했고, 폐쇄적인 국가에서 전면적인 개방국가로 거듭났다. 이와 동시에, 세계 정치경제체제가 전대미문의 광범위하고 심각한 변혁에 직면했을 때, 중국은 개혁개방의 핵심적인 단계에 진입했다. 21세기에 들어서며, 중국이 굴기한 효과는 전면적으로 나타났다. 중국의 국력과 영향력이 나날이 증대되며 중국의 이상, 중국의 이념, 중국의 지혜, 중국의 방안이 국제사회의 관심을 받았다. 이와 동시에, 중국의 굴기는 세계의 전환과 약속이나 한 듯이 함께 나아갔다. 이러한 역사적인 중첩은 전 세계 경제발전에 무한한 활력을 가져다주었다. 이로써 중화민족의 위대한 부흥은 현실적이고 파급력을 갖춘 화제가 되었다.

부흥은 쇄락한 상태에서 번영을 이루기 위해 나아가는 과정이자 결과이며, 다시 번영에 이른 후의 상태이다. 중화민족은 일찍이 휘황찬란한 역사를 만들었다. 부흥은 역사에 어울리는 눈부신 복원을 의미하는 동시에, 세계의 발전에서 '우위의 지위'(superior status)를 회복함을 의미한다. 부흥의 과정과 그 영향력이라는 측면에서 보면, 중국의 부흥은 '내부적인 부흥'과 '외부적인 부흥'으로 나눌 수 있다. 먼저 내부적인 부흥은, 일종의 내재화된, 그리고 내부로 향하는 발전이다. 경제적으로 발전구조의 개선, 발전모델의 업그레이드, 관리모델의 혁신, 내부시장의 확대, 1인당 GDP 의 증가 등을 통해 내부의 부흥을 확인할 수 있다. 다음으로 외부적인 부흥은 국제체계 내에서의 부흥이다. 대외무역이 주도하는 중국의 경제구조는 국제시장의 수요와 떨어질 수 없기 때문에 국제시장이 필요하다. 또한 중국은 글로벌화가 추진되는 조건에서 상호의존적인 발전을 해왔다.

중화민족의 위대한 부흥이 전 세계에 미치는 영향력은 인상적이다. 주요 경제지표에서 중국이 차지하는 비중은 물론, 국경을 뛰어넘은 공헌이 끊임없이 증가하며 중국은 세계 경제발전의 새로운 중심이 되었다. 수많은 국가들과 비교해, 중국의 발전은 개방성, 지속가능성을 갖췄을 뿐만 아니라 경제성장, 무역성장, 투자증가 등을 유인하는 효과가 매우 크다. 중국이 더욱 적극적인 방식으로 참여한 국제 분업과 경쟁은 국제사회에 강렬한 반향을 일으켰다. 중국의 굴기가 결코 일시적인 충격이 아니라 전 세계 공급-수요 관계를 재구성하는 지속적인 과정이라는 사실은 이미 국제사회의 공통된 인식이 되었다.

물론 중국의 부흥이 세계에 대한 도전이 된다는 사실도 충분히 알 수 있다. 경제 글로벌화의 "양날의 검"과 같은 효과가 더욱 나타남에 따라, 그리고 지역일체화가 더욱 발전함에 따라 중국과 세계의 상호작용도 더욱 긴밀해졌다. 이와 동시에 중국과 세계의 상호작용이 더욱 민감한 시기에 진입했다. 세계의 다극화, 경제 글로벌화, 문화의 다양화, 사회의 정보화 등이 발전하며 세계가 빠르게 변화되고 있고, 중국의 굴기에 대한 국제사회의 전략이 더욱 민감하게 나타났다.

세계는 빠르게 굴기하는 더욱 자신감 넘치고 개방적인 중국에 직면해 있다. 반대로 중국은 정세가 더욱 복잡하고 변화가 더욱 무쌍하며 기회와 도전이 공존하는 세계와 직면해 있다. 오늘날 크지만 강하지 않다는 중국에 대한 이미지가 여전히 존재하고 있고, 경제, 사회, 정치, 문화 등 수많은 영역에서 사회주의 초급단계의 특성이 구체적으로 나타나고 있다. 중국경제가 "신창타이"에 진입했고 경제가 여전히 빠르게 발전하며 종합적인 기본방향이 변하지는 않았지만 중국의 발전을 오랫동안 제약한 심층적인 요인뿐만 아니라 현실에서 맞닥뜨릴 수 있는 돌발적인 사건과 문제를 명확히 인식할 필요가 있다. 경기하락에 대한 압력이 증대하는 시기, 사회적 갈등이 돌출되는 시기, 사람과 자연의 갈등이 두드러지는 시기에 직면한 바, 반드시 적극적인 대응을 통해 적절하게 처리해야 한다. 중국이 처한 정세가 좋지 못한 이유는 "중국위협론"과 "중국책임론"이 교차하기 때문이다. 중국이 감당할 수 있는 국제사회의 책임과 관련된 의지와 능력이 국제사회의 기대와 여전히 격차가 존재하면서 중국의 굴기에 대한 국제사회의 우려가 더욱 증대되었다. 선진국들은 새로운 규범 제정을 가속화하며 중국을 포위하려는 의도를 더욱 명확히 나타내고 있다. 즉 중국이 발전하고 장대해짐에 따라 직면하는 우려, 걱정, 어려움과 도전 역시 증대되고 있다.

지역적인 측면에서 보면, 경제부흥의 새로운 시대가 동아시아 지역에서 전개되고 있다. 2025년에 이르면 동아시아의 경제규모가 전 세계에서 차지하는 비중이 40%에 이르며, 1820년대의 위상을 회복할 것으로 전망된다. 동아시아는 중국의 발전이 동반하는 기회와 도전을 결코 과소평가할 수 없다. 부정적인 측면에서 보면, 글로벌화는 자금과 기술을 빠르게 확산시키지만 이에 부합하는 양호한 경제제도와 시장관리 능력을 안착시키지 못하고 오히려 거대한 도전을 초래한다. 제도가 아닌 시장에 의존해 추진된 동북아일체화는 종합적인 제도를 단기간 내에 확립할 수 없을 뿐만 아니라 지역주의로 향하는 제도화는 장기적으로 부정적인 영향만 생성할 수 있다. 체재 내에서의 심도 있는 전환 없이 오로지 대외개방에 의존하고, 국내일체화 전략에 의지하지 않는다면 중국과 세계 경제의 연결은 "거품형" 개방에 지나지 않는다. 글로벌화의 충격을 이해하고 대응하는 방법은 국내체제의 심층적인 요인에서부터 찾아야 한다. 소위 글로벌화의 기회를 장악하는 것 역시 국내체제의 심층적인 개혁을 통해서만 비로소 얻을 수 있다. 대내외적인 도전을 직시하고 국제적인 기회를 잡으며 지속가능한 발전을 실현하기 위해 중국은 "융합-개혁-제작"(전 세계에 융합-자체적인 개혁-세계를 제작)을 핵심으로 하는 평화발전의 전략 프레임을 구축하고 있으며, 평화적인 굴기를 뛰어넘고 평화적인 발전을 풍부히 하며 굴기 후의 계획 수립에 전력을 다하고 있다.

과거를 종결하고 미래를 개척

40년의 대외개방에서 얻은 수많은 경험을 심도 있게 결산할 가치가 있다. 역사는 언제나 충만한 지혜와 용기를 담고 있기 때문이다. 시진핑 주석은 "개혁개방 초, 중국의 역량이 강하지 않고 경험이 부족한 시기에 많은 동지들 역시 '우월한 지위를 점한 서방국가들과 마주해 중국이 대외개방의 기회를 이용할 수 있을까', '나아가 중국이 잠식당하지 않을까' 하는 우려가 가득했다. 중국은 GATT 회원국 지위 복원 협상, WTO 가입 협상에서 모두 거대한 압박을 이겨냈다. 지금에 와서 보면, 중국이 대담하게 개방하고 세계를 향해 나아간 것은 의심할 여지없이 정확한 방향을 선택한 것"이라고 강조했다.

새로운 시대에 진입한 중국은 확장 가능한 거대한 전략적 공간을 보유하고 있다. 미래를 향해, 중국은 혁신이 추동하는 발전전략을 시행하고 글로벌 산업체인과 가치사슬에 중국의 위상을 높이며 더욱 높은 수준의 개방형 경제를 발전시킴으로써 높은 수준의 개방과 대규모 해외진출이 뒷받침하는 새로운 체제와 기제를 확립해야 한다. 이와 함께 대외개방에서 존재하거나 혹은 "대외개방"이 초래한 문제와 교훈을 전면적으로 복기하여 더욱 큰 결심과 더욱 강력한 힘, 더욱 내실 있는 조치로 전면적인 개방을 추진해야 한다.

중국 개혁개방의 국제적 맥락

류더빈(劉德斌)
지린(吉林)대학교 공공외교학원 원장

1978년, 덩샤오핑의 지도하에 중국은 개혁개방의 역사적 여정을 시작했다. 2018년은 개혁개방 40주년으로, 지난 40년 동안 중국이 걸어온 길을 회고해보면 중국의 개혁개방은 중국 스스로를 변화시켰을 뿐만 아니라 근대 이후 세계 역사의 현대화 전환 모델을 더욱 다채롭게 만들었다고 할 수 있다. 동시에 중국과 세계의 관계를 변화시켰고, 심지어 세계의 변화에 영향을 미치며 냉전 후 세계 역사의 발전에 새로운 활력을 불어넣었다. 오늘날 중국의 개혁개방은 여전히 진행 중이며, 중국의 개혁개방이 갖는 세계적 의의 역시 발전하고 변화하고 있다. 이 문제에 대한 관심과 논의는 중국뿐만 아니라 다른 국가들에게도 매우 중요한 현실적인 의의가 있다.

개혁개방: 중국의 두 번째 혁명

중국의 개혁개방에 대한 평가 중 가장 인상 깊고 가장 구체적인 표현은 "중국의 두 번째 혁명"이다. 사람들은 중국 도시의 새로운 빌딩들에 익숙하고, 중국 대륙의 동서남북을 관통하는 현대적인 고속철에 익숙하다. 중국이 전 세계에서 두 번째로 큰 GDP 대국이라는 사실에 익숙하고, 전 세계에서 물건을 사고 또 사는 중국 관광객들에 익숙하며, 미국과 유럽의 대학 캠퍼스에 있는 중국 유학생들의 모습에 익숙할 것이다. 오히려 40년 전의 가난하고 낙후되었으며 경직되고 분개하는 중국의 이미지와 연결하기는 쉽지 않다. 40년 동안, 중국인의 정신세계와 물질세계는 천지개벽의 변화가 발생했다. 이러한 변화는 "두 번째 혁명"이라는 말 이외에 달리 형용할 방법이 없다.

중국은 천년을 이어온 문명국가임에도 불구하고 근대 들어 도태되며 점차 서방의 열강과 일본에 의해 반식민지로 전락했다. 1911년 신해혁명으로 청(淸)왕조가 무너지고 1949년 다시 통일되어 중화인민공화국이 설립되면서, 중국은 반봉건·반식민 사회에서 일약 동아시아 최대의 사회주의국가로 발돋움했다. 불과 반세기도 되지 않는 시간 동안, 중국은 질풍노도의 역사적 전환을 경험한 것이다. 1949년 이후, 중국의 국내정치나 대외관계는 냉전 구도로 인해 많은 제약을 받았다. 그러나 1970년대 미국 등 서방국가와 관계를 개선하고, 1978년 사회주의국가와 개발도상국 가운데 선도적으로 개혁개방을 시행함으로써 경직된 계획경제 체제를 포기하고 시장경제의 거시적 흐름에 융합했다. 냉전 후 이어진 새로운 경제글로벌화 추세에서 경제와 사회를 뛰어넘는 발전을 실현하며 세계 평화와 발전을 추진하는 동력이 되었다. 신해혁명부터 중화인민공화국이라는 기치 하에 재통합에 이르기까지, 사회주의의 초보적인 탐색부터 개혁개방에 이르기까지, 중국은 지금까지 중국의 국가정세에 부합하는 경제 및 사회 발전 노선을 모색해 왔다. 개혁개방은 중국의 발전노선에 대한 중대한 수정이었을 뿐만 아니라 중국 역사의 전환점이라는 의의를 가지고 있다. 1980년대, 해리 하딩(Harry Harding) 등 서방의 일부 학자들은 개혁개방을 "중국의 두 번째 혁명"이라고 분석했다. 개혁개방의 지도자인 덩샤오핑 역시 개혁개방을 중국의 "두 번째 혁명"으로 규정했다. 덩샤오핑은 1985년 중국공산당 전국대표회의 연설에서 "개혁은 생산력의 발전을 촉진하고 경제생활, 사회생활, 업무방식과 정신상태의 심각한 변화를 유발한다. 개혁은 사회주의 제도의 자체적인 개선으로, 일정한 범위 내에서 일정한 수준의 혁명적인 변혁이 발생한다"고 밝혔다. 즉 중국의 개혁개방은 정책선택의 변화일 뿐만 아니라 제도의 변혁이라고 할 수 있다. 덩샤오핑의 이러한 사상은 이후의 지도자들에게도 계승되었다. 시진핑 총서기는 개혁개방이 중국 공산당의 자체적인 혁명이라는 점을 수차례 강조하며, "공산당은 반드시 당의 자체적인 혁명을 통해 당이 인민을 선도하는 위대한 사회혁명을 추진해야 한다", "과감한 자체적인 혁명은 우리 당의 가장 선명한 품격이자 우리 당 최대의 우위"라고 언급했다.

1978년 시작된 개혁개방은 먼저 사람들의 사상 해방을 촉진했다. 사람들은 스스로에 대한 다양한 속박에서 벗어나 국가정세에 부합하는 발전노선을 모색했다. 개혁개방이 시작된 이후 중국은 폐쇄적인 국가에서 개방적인 국가로 전환했고, 빈곤하고 낙후된 국가에서 전 세계 GDP 2위의 신흥 공업강국으로 전환했다. 또한 국가는 독립해야 하고, 민족은 해방해야 하며, 인민은 혁명해야 하는 혁명형 국가에서, 평화와 발전을 주제로 전 세계 경제성장에서 공헌률이 가장 높은 건설형 국가로의 전환을 강조했다. 서방과 전혀 어울리지 않는 국가에서 경제적으로 서방과 비(非)서방국가 모두와 긴밀한 상호의존관계를 맺은 국가로 전환했으며, 미국과 서방국가들이 주도하는 경제 글로벌화에 대해 깊은 의혹과 우려를 가지고 경제 글로벌화를 추진하고 수호하며 보호무역주의에 반대하는 국가가 되었다. 또한 세계경제의 발전에 끊임없이 새로운 대안을 제시하며 새로운 공공재를 부담하는 책임 있는 대국이 되었다. 실제로, 개혁개방 전과 후의 중국을 비교해보면 사람들은 개혁개방 전의 중국과 개혁개방 후의 중국을 동일시하기 쉽지 않다. 소위 "두 번째 혁명"의 역사적 의의는 첫 번째 혁명, 즉 신민주주의 혁명, 사회주의 혁명과 연결되고 동등하다. 중국의 개혁개방에 대한 사람들의 충만한 기대는 여전하다. 중국의 개혁개방 역시 이들의 기대에 부합하며 지속적으로 진행되고 있다.

중국 개혁개방의 세계적 의의

동방의 문명국가이자 전 세계 최대의 인구대국인 중국의 개혁개방은 다양한 방면에서 세계적인 의의를 갖는다. 먼저, 모두가 아는 바와 같이 중국의 개혁개방은 전 세계 2/3의 인구를 빈곤에서 벗어나게 했다. 이는 중국 경제와 사회의 안정적인 발전을 위한 사회적 기반을 공고히 하는 동시에, 전 세계 경제발전에도 새로운 활력을 불어넣었다. 중국 개혁개방의 세계적인 의의에 대해 보는 사람마다 시각이 다르다 할지라도, 수억 명의 인구를 "빈곤에서 벗어나게 했다는 사실"이 일반적이지 않다는 학계의 평가는 거의 일치한다. 두 번째로, 중국의 개혁개방은 비(非)서방국가의 현대화 노선에 새로운 패러다임을 제공했다. 근대 이후 서방의 부상에 따라 세계 역사는 현대화로 전환되기 시작했고, 비서방국가들은 새로운 역사적 조건하에서의 경제 및 사회 발전 노선을 강요당해왔다. 냉전이 시작된 이후, 미국학자들은 비서방국가들을 위해 서방 선진국의 현대화를 표본으로 한 발전방안을 설계하고 종합적인 "현대화 이론"을 만들어냈다. 특히 이들은 미국과 소련이 경쟁하는 상황에서 새로 독립한 개발도상국들에게 서방이 인도하는 노선을 선택하게 했다. "현대화 이론"이 학술적 가치나 현실적 의의가 없다고 말할 수는 없으나, 미국학자들이 설계한 방안을 통해 현대화로의 전환을 성공적으로 실현한 개발도상국은 거의 찾을 수 없다. 구소련 역시 비서방국가들의 표본이 되었으나 소련 모델로 발전한 국가들 역시 현대화 노선이 감춰지고 사라졌으며, 대다수 국가들은 냉전의 종식과 함께 "공든 탑이 무너지듯" 과거의 성취가 쓸모없게 되었다. 2차 세계대전 이후 비서방세계의 신흥대국 가운데 중국만이 개혁개방을 통해 경제와 사회의 비약적인 발전을 실현하며 첫 손가락에 꼽히는 신흥 경제대국이 되었다. 이로써 과거 "동아시아의 환자"는 세계무대의 중앙에 다시 우뚝 서게 되었다. 중국이 개혁개방을 통해 얻은 성과와 기타 비서방국가들의 성공 경험은, 비서방국가들의 현대화 노선을 모색하는 데 다양한 현실적인 본보기를 제공했다. 실제로, 2차 세계대전 이후 일본경제의 부흥과 "아시아 네 마리 용"의 부상이 비서방국가들의 경제적인 발전을 위한 "서곡(序曲)"이었다면, 중국이 1978년 시작한 개혁개방이 발단이 되어 냉전 후 많은 개발도상국들이 연이어 자신만의 특색을 갖춘 개혁개방의 노선을 걸으며 적지 않은 성과를 창출했다. 인도는 중국에 이어 부상하는 아시아의 대국으로 인식되었고, 터키의 경제발전은 기적으로 평가되었으며, 동남아시아와 아프리카의 일부 개발도상국은 안정적인 경제발전을 실현했다. 2008년 글로벌 금융위기가 전 세계를 습격한 이후, G20이 서방의 G7을 대체하며 세계적인 경제문제를 해결하는 가장 중요한 소통 메커니즘이 되었다. 이는 설사 G20이 아직까지 제도화된 메커니즘을 확립하지 못했을지라도 비서방국가들의 경제가 발전했고 글로벌 거버넌스에 참여한다는 중요한 상징이다.

개혁개방은 중국의 부상을 촉진했다. 개혁개방의 세계적 의의에 대해 논할 때, 중국의 부상이 세계에 미친 영향과 의의에 대한 논의가 많은 부분을 차지한다. 중국의 부상은 서방학자들에게 "21세기 최대의 지정학적 사건"으로 인식된다. 먼저, 중국의 부상으로 대국들의 역량이 변화하며 서방국가의 주도적인 지위를 약화시켰다는 점에서 역사적인 의의가 있다. 일본은 가장 먼저 부상한 비서방대국이다. 그러나 일본의 제국주의 전략은 2차 세계대전에서 좌절을 경험한다. 2차 세계대전 이후 일본은 전 세계에서 두 번째로 큰 경제강국이 되었으나 줄곧 자신을 서방세계의 일원으로 "속박"하며 비서방대국의 자격을 상실했다. 반면, 중국은 오늘날 전 세계에서 명실상부한 비서방대국이 되었다. 두 번째로, 중국의 부상과 영향력의 확대는 21세기 이후 전 세계의 급격한 변화와 함께하고 있다. 이는 역사적인 "반전"과 오늘날 세계 경제 및 정치 국면을 전환시켰다는 점에서 의의를 지닌다. 21세기 이후, 특히 글로벌 금융위기 이후 전 세계는 미국이 세계를 주도하려는 의지와 역량이 점차 감소되는 것을 목격했다. 미국과 유럽 국가들의 간극이 점차 심화되었고, 서방사회의 양극화와 제도적 위기가 가속화되며 경제 글로벌화가 더 어려움에 빠지게 되었다. 또한 민족주의가 전 세계에 만연하게 퍼져나갔다. 미국의 이라크 침공을 시작으로 중동국가들이 새로운 위기에 직면하며 역내 질서가 와해되었고, 아프리카의 일부 국가들은 경제적·정치적 난국에 더욱 깊게 매몰되었다. 탈냉전시대가 지나갔음에도 전 세계 정치경제 질서가 어떻게 발전할 것인가에 대한 우려가 나타나기 시작했다. 이러한 상황에서 중국의 부상, 그리고 이에 따른 경제 발전의 추진과 글로벌 거버넌스의 개선에서 나타난 긍정적인 태도는 세계 경제 및 정치 정세의 악화를 저지했다는 점에서 중요한 현실적 의의를 지닌다.

세 번째로, 중국모델은 "시범"적인 의의를 지니며 도전적인 성격을 갖췄다. 개혁개방 이후, 중국은 점차적으로 시장경제에 편입되었지만 중국정부는 중국은 경제 발전에서 줄곧 주도적인 역할을 발휘했다. 이는 개혁개방 초기, 서방의 관찰자들이 예상하지 못한 점이다. 중국정부의 강력한 관리능력은 경제 글로벌화의 충격에서 무능력한 개발도상국 정부와 비교해 극명한 대조를 이뤘다. 중국정부의 금융위기 대응은 서방의 정치 엘리트들과 경제 엘리트에게조차 감탄을 불러일으켰다. 중국은 심지어 수많은 개발도상국이 흠모하고 모방하는 "대상"이자 "귀감"이 되었다. 그러나 중국모델은 서방의 발전모델, 즉 자유경쟁을 숭배하는 "미국모델"이나 공정함을 강조하는 "독일모델"에 관계없이 제도적인 도전이 되었다. 이러한 도전은 미국과 서방국가 사회 내부의 갈등이 격화됨에 따라 나날이 두드러졌고, 민감해졌다. 서방의 지도자들, 특히 미국의 지도자들은 중국과 기타 국가들의 경쟁 수단이 불공정하다고 인식했다. 트럼프 대통령이 개시한 중국과의 무역전쟁은 미국 의회의 대다수 의원들에게 지지를 받지 못했다. 그럼에도 불구하고 미중 관계에 대한 미국 각계의 생각에 나타난 실질적인 변화는 논쟁의 필요가 없는 사실이다. 개혁개방 이후 중국은 미국의 예상대로 발전하거나 변화되지 않았고, 이로 인해 중국은 미국의 가장 중요한 경쟁상대로 인식되었다. 많은 학자들은 미중 경쟁이 "투키디데스의 함정"에 빠졌다고 주장했다.

그러나 중국 개혁개방의 세계적인 의의를 어떻게 인식하는지에 관계없이 부정할 수 없는 사실은, 개혁개방을 통해 중국이 이 세계와 깊게 융합되었다는 점이다. 중국은 전 세계 120여 개 국가의 가장 큰 무역 파트너가 되었고, 미국을 초월해 세계 경제성장에서 공헌률이 가장 큰 국가가 되었다. 중국은 전 세계 최대의 상품수출국이자 생산국이 되었고, 동시에 에너지, 공업, 농업과 첨단기술제품을 가장 많이 소비하는 국가가 되었다. 중국은 스스로 제창한 아시아인프라투자은행(AIIB)과 '일대일로' 구상을 통해 불안정한 세계에 더 많은 공공재를 제공하고 있으며, 더 많은 국가들의 경제 발전에 새로운 기회를 제공하고 있다. 전 세계 수많은 국가들의 입장에서 보면, 개혁개방 이후의 중국 혹은 부상하는 중국은 하나의 "기회"이기도 하고 "도전"이기도 하지만, 두 가지를 비교해 보면 기회가 도전보다 크다. 중국은 전 세계 대다수 국가들의 경제와 사회발전에 기회가 되고 있다. 이는 어쩌면 중국 개혁개방이 가진 가장 중요한 세계적인 의의라 할 수 있다.

"중국의 세계" 아니면 "세계의 중국"

기회와 도전이라는 관점에 초점을 맞춰보면, 중국 개혁개방의 세계적 의의는 결국 사람들의 마음속에 자리 잡은 중국과 세계의 관계에 대한 의문으로 귀결될 것이다. 부상하는 중국이 앞으로 세계를 지배하거나 통치하며 미국과 같은 세계의 "지배자"가 될 것인가? 아니면 세계에 편입해 전 세계의 조화로운 한 부분이 될 것인가? 이러한 의문은 실제로 성립하기 어려우며, 답은 어쩌면 둘 사이에 있을 것이다. 한편으로는, 미국과 서방의 우위가 쇠퇴함에 따라 대국 간 혹은 지역 간에 새로운 힘의 균형이 형성되고 있다. 경제 글로벌화, 사회 정보화와 권력 분산화의 시대에 한 국가가 모든 것을 좌우하는 국면이 다시 나타나기는 쉽지 않다. 중국과 미국을 포함한 어떠한 대국도 전 세계를 지배할 역량을 갖기 어렵다. 다른 한편으로는, 직시해야 할 부분도 있다. 중국의 인구 규모, 발전모델, 그리고 전 세계 수많은 국가들과 형성한 상호의존적인 관계를 보면, 경제 글로벌화가 정체되고 무역보호주의가 대두되며 상당히 많은 개발도상국이 난관에 직면한 상황에서 중국이 세계경제와 정치질서의 붕괴를 좌시하며 "중국제일"을 외치고, 다른 국가들의 이익을 고려하지 않은 채

역사에서 또 다른 "고독한 초강대국"이 되기는 쉽지 않다. 중국 경제와 사회의 건전한 발전은 점점 더 파트너국가의 경제와 사회의 건전한 발전을 위한 전제가 되어가고 있다. 이 때문에 중국은 파트너국가들과 "이익공동체"와 "운명공동체"가 되어 함께 나아가기로 결정한 것이다. 물론 수많은 상황에서 중국의 국내정치와 외교방침에 대해 다른 국가들이 충분히 이해하지 못하거나 공감하지 못할 수도 있다. 중국의 공공외교가 필요한 이유이다. 중국에 대한 전 세계의 의심과 기대가 상존하는 가운데, 중국은 앞으로도 1978년 시작된 개혁개방 노선을 지속할 것이다.

중국 개혁개방과
중국 외교

쑤창허(蘇長和)
푸단(復旦)대학교 국제관계와 공공사무학원 원장

개혁개방 40년 동안, 중국 외교는 대국외교에서 강국외교로 전환했다. 중국은 국제체제의 중요한 참여자에서 건설자로 전환했고, 국제질서의 수호자 가운데 하나에서 세계무대의 중앙으로 점차 근접해 가는 국가가 되며 거대한 변화를 경험했다. 18차 당 대회 이후, 신시대에 진입한 중국은 중국 특색 대국외교를 확대 및 추진하는 동시에, '신형 국제관계'와 '인류운명공동체' 구축을 위해 노력해 왔다. 당 중앙의 집중적이고 통일된 지도하에, 중국 외교는 경제 건설과 중화민족의 위대한 부흥을 위한 유리한 외부환경을 조성하고 창조했으며 '중국의 지혜'와 '중국방안(china solution)'을 통해 세계의 평화와 발전에 공헌했다. 이로써 중국은 '자강불식'의 사회주의 대국, 동방의 대국, 개발도상국, 고대문명대국이라는 외교적 품격과 귀감을 전 세계에 보여줬다.

중국 특색 대국외교의 제도적 본질

외교제도는 한 국가의 대외관계를 관리하는 다양한 제도의 총화(總和)이자 외교사상과 활동을 관철하고 실천하기 위한 제도적 장치이다. 중국에서 외교제도는 나날이 성숙해지는 제도체계를 구성하는 중요한 요소 중 하나이다. 중국은 사회주의국가로, 외교 업무에 대한 당 중앙의 집중적이고 통일된 지도가 개혁개방 전 30년은 물론 개혁개방 후 40년 동안 이어진 외교제도의 본질적인 특성으로 자리 잡으며 중국 특색 대국외교를 보장해 왔다. 신중국 성립 이후, 사회주의국가의 신형 대외관계에서 중국은 점차 독립적이고 자주적이며 평화공존의 외교제도를 확립했다. 개혁개방 이후, 중국과 외부 세계의 상호연계가 나날이 긴밀해지자 외교체제와 기제, 기능적 범위가 확대되며 개혁개방 시대에 중국과 세계의 관계에 적합한 새로운 체제와 기제를 형성했다. 특히 18차 당 대회 이후, 중국은 글로벌 거버넌스 체계 개혁 및 건설에 동참하기 위해 개혁을 전면 심화하는 과정에서 국내의 외교체제와 기제를 개선하는 동시에, 다양한 국제기구 설립을 중시했다.

　　40년 동안, 당 중앙의 집중적이고 통일된 지도가 특징인 중국의 외교제도는 중국 외교의 기본적인 이념은 물론, 주요 정책의 일관성, 안정성과 명확성을 보장했다. 이는 중국 외교가 얻은 모든 성과를 제도적으로 보장하는 것이며 소중한 제도적 경험이다. 중국의 외교제도는 다당제 국가가 정권이 교체될 때마다 외교정책 역시 변하는 취약성을 효율적으로 방지했다. 이와 함께 정쟁이 심한 국가에서 의견이 대립되어 정책이 부결됨으로써 국제협력에 소극적인 태도를 보일 수밖에 없는 행태

역시 효율적으로 방지했다. 오늘날 많은 국가에서는 국내의 "대항형(對抗式)" 제도체계로 인해 초래되는 정치적 경색 국면과 상대의 의견을 거부하는 정치가 빈번하게 나타나며 국제협력의 집행에 매우 큰 어려움을 야기하고 있다. 전 세계의 다양한 외교제도와 비교해 보면, 중국공산당의 집중적이고 통일된 지도를 기반으로 하는 외교제도는 높은 연속성과 안정성을 확보한다는 특성을 가지고 있다. 이는 중국 외교이념과 정책의 일관된 집행을 보장할 뿐만 아니라 외부 세계가 중국과 교류할 때 더욱 많은 신뢰감을 줄 수 있다.

중국 외교의 선명한 가치관

대국 외교는 모두 자국만의 선명한 가치관을 가진다. 중국 외교가 강조하는 것은 가치관이 선도한다는 점이다. 가치관을 수출하지도 않고 소위 가치관 연맹을 조직하지 않는다. 공도·공평·공정(公道·公平·公正)의 원칙을 견지하며 공상·공건·공향(共商·共建·共享, 함께 상의하고 함께 건설하며 함께 향유하는)의 방식에 의거하여 더욱 공정하고 합리적인 국제질서의 구축과 인류운명공동체의 구축을 추진한다.

　　40년 동안, 중국은 줄곧 중국의 핵심이익 수호를 국제사회의 공통이익 발전과 결합해왔다. 시대적 대의의 향방과 사물 본질의 옳고 그름에 의거하고, 공리·공평·공정의 원칙에 입각해, 독립적이고 자주적으로 스스로의 외교정책과 행위를 결정했다. 소련과 동유럽의 사회주의가 붕괴된 이후인 1990년대에 중국은 서방 세계의 압박을 이겨내며 중국 특색의 사회주의 정치발전 노선을 견지했을 뿐만 아니라 세계 사회주의의 제도적 성과를 수호해왔다. 중국은 유엔으로 대표되는 국제체제의 단결을 적극적으로 옹호했고, 국제질서의 조화를 촉진하기 위해 노력해왔다. 국가 간 분쟁이나 지역적 이슈가 대치될 때에도 중국은 어느 한쪽으로 치우치지 않고 정도(正道)를 추구하는 국가 이미지를 확립했다. 개발도상국의 일원으로, 중국은 강권정치와 관여정치를 반대해왔고 국제체제에서 주권국가의 평등을 수호해왔으며 국제관계의 민주화를 추진해왔다. 인류가 직면한 공동의 문제를 해결하기 위해 중국은 역량과 책임에 부합하는 원칙에 의거해 중국의 방안과 중국의 역량으로 적극 공헌했다.

18차 당 대회 이후, 시진핑을 핵심으로 하는 당 중앙은 중국 외교가 인류 공동의 가치에 더 많은 관심을 가져야 한다는 함축적 의미를 부여하며 신흥대국의 "공도(公道)외교"라는 이미지를 명확히 제시했다. 시진핑 주석은 정확한 의리관(義利觀)을 지도사상으로, 중국과 주변국의 발전은 물론 중국과 개발도상국의 관계를 처리하고, 중국 스스로 평화발전 노선을 걸음으로써 더 많은 국가들과 함께 평화발전의 노선을 걸어야 한다고 밝혔다. 또한 평등의 방식을 통해 규모가 상이한 국가들과 새로운 관계를 구축하고, 공상·공건·공향의 단결 방식으로 '일대일로' 구상과 글로벌 거버넌스 체계의 개혁을 추진하며, 녹색발전 이념을 통해 하나밖에 없는 지구를 보호하는 한편, 상호 존중과 상호 공감의 태도로 각기 다른 문화의 평화로운 공존을 확대해야 한다고 밝혔다.

중국 외교의 중요한 경험

40년 동안, 중국은 외부세계와의 관계를 정확히 처리했다. 자신의 발전을 위해 유리한 외부환경을 쟁취하고 창조하는 동시에, 세계의 평화와 안정을 위해 중국의 방안과 역량을 통해 공헌했다.

대국관계의 방향과 이에 대한 대항은 역사적으로 국제관계에 교훈을 준다. 40년을 회고해보면, 중국은 대국 가운데 솔선하여 냉전에 항거해 온 국가로, 냉전 시기에도 적대적인 외교가 아닌 전방위 외교를 추진했다. 40년 동안, 중국은 이데올로기, 집단정치, 진영정치를 기준으로 선을 긋지 않고 정치체도나 발전단계가 다른 국가들과 전방위적이고 다양하며 넓은 범위에서 외교관계를 발전시켜왔다. 동맹을 통한 대항은 출구가 아니다. 대국이 협력과 협상의 길로 나아가는 것이 정도(正道)이다. 18차 당 대회 이후, 중국은 대항이 아닌 대화, 동맹이 아닌 파트너 등과 같은 '신형 국제관계' 이념을 제시했다.

40년 동안, 중국은 개방적인 세계경제체제의 건설에 적극 참여했다. 개혁개방을 심화하고 사회주의 시장경제를 제시하며 다른 외부 경제와 함께 중국의 에너지와 역량을 최대한 발산한 결과, 1980년대 이후 경제글로벌화의 중요한 역량 중 하나가 되었다. 중국의 참여는 중국 스스로를 발전시켰을 뿐만 아니라 자신의 발전을 통해 국제경제의 불균형한 상황을 변화시키며 경제글로벌화에 더 많은 공동의 이익을 가져다주었다.

40년 동안, 중국은 공상·공건·공향의 다자주의를 견지했다. 국제체제와 글로벌 거버넌스의 구축에서 중국은 기존의 국제기구와 다자조약체계에 적극 참여했을 뿐만 아니라 상하이협력기구(SCO), 아시아인프라투자은행(AIIB) 등 새로운 국제기구를 적극적이고 주도적으로 창설했다. '중국의 지혜(中國智慧)'는 신흥 국제기구와 기존 국제기구가 서로를 대신하는 관계가 아닌, 대화와 협력 관계를 유지하게 함으로써 국제체제가 평화 발전의 공정한 방향으로 전환하게 했다. 중국의 이러한 기존의 국제기구와 신규 국제기구의 관계를 처리하는 방법은 국제체계의 충격을 효율적으로 방지하며 국제체계의 평화로운 전환을 가능하게 한 중요한 역량이었다. 제18차 당 대회 이후, 시진핑 주석은 '일대일로' 구상을 제시하며 중국 자신의 '고품질 발전'과 대다수 개발도상국의 공동 발전을 연계해 국제사회가 오랫동안 직면한 적자 문제를 함께 해결하자고 주문했다.

40년 동안, 중국은 각국의 문명과 문화에 대한 대화를 적극 추진하며 조화로운 공존을 실현했다. 문명의 반대는 야만이 아니라 또 다른 문명이다. 이러한 문명에 대한 사고와 국제정치 철학을 형성해야만 비로소 다원화된 문명과 제도의 조화로운 공존을 이끌 수 있다. 반면, 만약 문명의 반대를 야만이라고 인식한다면, 문명에 대한 배척과 충돌은 필연적으로 더 많이 발생하게 된다. 18차 당 대회 이후, 인문외교는 중국 특색 대국 외교의 선명한 특색으로, 다채롭고 다양한 문명 사이의 대화가 동양을 중심으로 형성되게 하는 계기를 만들었다.

"만물은 자라며 서로에게 피해를 입히지 않고, 같은 길을 걸어도 서로 어긋나지 않는다". 문명은 한데 모아지며 소멸되기도 하지만 다양한 가운데 번영하기도 한다. 이는 인류 문명의 발전과 진보에서 나타난 하나의 규율이다. 하나의 문명이 발전하는 과정에서 배타성과 폐쇄성은 스스로를 제약한다. 따라서 개방성, 포용성과 학습성은 문명의 활기를 유지하는 중요한 방식이다. 다양한 문명의 교류에서 우열을 가리지 않고 각자의 아름다움을 상호 공감하고 감상하는 태도를 견지할 때 비로소 다양하고 다채로운 문명의 조화로운 공존이 실현된다. 오늘날 세계는 여전히 서로를 사악하게 보거나 경멸하는 경향이 있다. 문명에 대해 피아를 구분하는 현상으로 인해 서로에 대해 원한을 갖는 상황이 수도 없이 발생한다. 인류 문명의 발전 역사에서 보면, 각 문명이 자신의 독립적인 발전 과정을 거친 후, 어떻게 하면 양호한 교류 국면에서 더욱 발전할 것인지, 한 문명의 독자적인 발전이 다양한 문명과의 우호적인 교류 과정에서 더욱 높은 수준에서 조화롭게 공존하고 발전해 나갈 것인지 등의 문제는 인류가 지금까지 해결하지 못한, 어쩌면 21세기에 인류가 직면할 수밖에 없는 문제가 되었다. 조화로운 공존이라는 문명관을 견지해야 인류는 미래 세계에서 더욱 거대한 문명을 창조할 수 있다. 이러한 의의에서 보면, 문명관의 개선과 문명 교류 국면의 조성은 '인류운명공동체' 건설에서 중요한 의의를 지닌다. 또한 결국 문명의 교류가 문명의 장벽을 초월하고, 문명의 상호귀감이 문명의 충돌을 초월하며, 문명의 공존이 문명의 우월을 초월하는 목표를 실현할 수 있게 한다.

혁신 발전, 중국 외교의 핵심

개혁개방 이후 40년 동안 중국 외교는 끊임없는 계승을 기반으로 혁신적인 발전을 거듭해왔다. 40년 동안, 중국 외교는 주권, 안전, 발전 이익에 적합해야 한다는 요구, 국내외 관계의 협력과 협의라는 원칙 및 대국 외교 발전의 요구에 따라 수많은 새로운 체제와 기제를 구축해왔다. 특히 제18차 당 대회 이후, 대국외교의 체제, 기제와 조직 구성은 새로운 성과를 창출했다. 중앙국가안전위원회, 중앙외사공작위원회, 국가국제 발전협력서 등의 설립과 재편은 대국외교 체제와 기제의 새로운 구도를 형성했다. 중국은 글로벌 거버넌스 체계와 국제규칙 확립에 더욱 적극적 이고 주도적으로 참여하며 다른 국가들과 함께 국제제도와 국제기구의 개혁과 개선을 추진하고 있다.

40년 동안, 중국 외교는 현대 국제체계의 일반적인 외교 형태를 수용하고 개선했을 뿐만 아니라 중국의 전통적인 외교 형태를 계승하고 전환해왔다. 동시에 수많은 새로운 외교형태를 발전시키고 창조해왔다. 중국 특색 외교 이념의 실천적 형태는 중국 외교의 특수성과 국제체계에서의 외교가 지닌 일반성이 상호 결합되고 상호 참고하며 상호 학습한 결과이다. 현대 국제체계의 일반적인 외교 형태를 흡수하고 개선한 후, 정상외교, 정당외교, 입법기구외교, 군사외교, 다자외교, 민간외교, 경제외교, 원조외교 등에 중국식 함의와 내용을 부여했다. 중국 전통 외교 형태의 계승과 전환 측면에서 보면, 예를 들어 문명의 소통과 대화라는 세계적인 요구에 순응하기 위해 신형 국제관계의 구축에서 민의가 기반이 되는 인문외교를 특히 강조했다. 이외에도 당 중앙의 집중적이고 통일된 지도하에, 최근 지방과 도시의 대외협력과 교류를 적극 전개하고 다양한 지방정부 협력포럼을 개최함으로써 중앙정부 외교를 보완 및 지원하고 있다. 새로운 외교형태의 창조 측면에서 보면, 중국은 동반자 관계 네트워크를 구축했다. 동반자 관계는 동맹 관계와 다른 새로운 국가 관계로, 파트너지만 동맹은 체결하지 않는 '신형 국제관계' 이념을 파생시켰다.

대립의 충돌을 초월한 질서관의 확립

역사적으로, 많은 질서관과 철학적 사고는 대립이 충돌하는 질서관이었다. 예를 들어, 미국의 국제관계이론에서 말하는 자유질서와 대립되는 것은 비(非)자유질서로, 이 두 질서는 충돌된다. 자유질서가 형상화한 비자유질서는 비(非)자유세계에서 구축한 것이다. 민주와 독재(전제주의)의 이분법 역시 충돌하고, 종교적으로 정통파와 이교도도 충돌한다. 영국의 국제관계이론에서 말하는 국제사회질서도 본질적으로는 대립된다. 문명과 비문명의 대립은 추상적 의의에서 보면, 고대 중국의 화이관(華夷觀)과 원칙적으로 큰 차이가 없다. 적어도 화이관은 상대를 간섭하지 않고 공존했다.

결론적으로 현행의 질서관은 철학적으로 이 세계를 좋은 세계와 나쁜 세계로 이분화한다. 좋은 세계는 나쁜 세계 혹은 좋지 못한 세계를 간섭할 권리가 있다. 다시 말하면, 나쁜 세계를 좋은 세계로 바꿀 권리가 있다. 이러한 논리에 따르면, 무시무시한 결과가 초래된다. 이 질서는 하나를 둘로 나누고, 대립을 충돌하게 한다. 이러한 세계는 전쟁이 끊이질 않는 상태에 놓이게 된다.

전 세계 모든 국가는 스스로 좋은 세계를 만들 권리가 있다. 그러나 이는 자신의 기준에 의거해 다른 국가를 부정하고, 심지어 다른 국가의 자유를 침해할 수 있는 권리를 의미하지 않는다. 만약 모든 국가들이 이러한 원칙을 남용한다면, 규칙을 말할 필요도 없으며, 세계질서의 기본적인 도리는 사라질 것이다. 대립이 충돌하는 세계관은 인류의 정치문명이 초월해야 하는 질서관이다.

또 다른 질서관은 대립이 통일되는 질서관이다. 다시 말해, 가치와 관점의 차이, 갈등, 대립에 직면한 세계에서 이를 초월하는 새로운 형태의 질서를 어떻게 형성할 것인지에 대한 새로운 사고가 필요하다. 세계는 하나가 둘이 되어 0과 1로 구성되기도 한다. 그러나 0과 1은 상호 대체되는 것이 아니라 통일되고 공존하는 것이다. 간단히 말해, 이러한 더 높은 수준의 질서를 형성해야 인류가 이것 아니면 저것이라는 생각에서 벗어나 이것과 저것을 모두 수용하는 생각을 가지게 될 수 있다.

대립이 통일되는 질서 형태는 역사적으로도 존재해왔고, 지금도 존재한다. 유엔이 창설될 때 구상한 주권국 간 질서가 사실은 바로 대립이 통일되는 질서였다. 유감스럽게도 이후 이러한 질서는 냉전 시기 대립이 충돌하는 질서로 대체되었다. 냉전 후 일정한 기간 동안 중국, 미국, 러시아의 대국관계 역시 대립이 통일되는 질서가 나타났지만 미국과 러시아의 갈등이 확산되며 이러한 질서 형태가 전환되었다. 유럽에서도 19세기에 아주 짧은 기간 동안, 예를 들어 비엔나 조약과 같은 대립이 통일되는 질서가 나타났지만 급격하게 대립이 충돌하는 질서로 전환되었다. 이는 서방 내부 국제관계에서 나타난 "강대국 정치의 비극" 때문이다.

중국이 제창한 '인류운명공동체' 질서는 이치적으로 보면, 다름을 수용한다는 점에서 대립이 충돌되는 질서관이 아닌 대립이 통일되는 질서관이다. '인류운명공동체'는 시의성을 갖춘 명제이다. 이 세계가 대립이 충돌하는 질서에 진입할 것인가, 아니면 대립이 통일되는 질서에 진입할 것인가의 기로에 서 있기 때문이다. 만약 첫 번째 선택을 하게 된다면, 세계질서는 더 이상 진보하지 않고 기껏해야 순환만 할 것이다. 인류의 정치문명이 진보하기 위해서는 두 번째 상태로 전환할 필요가 있다.

한 단계 더 나아가 학술적인 측면에서 보면, 현재 전 세계의 많은 지역에서 "대항식" 제도체계를 모방하고 있다. 즉 국내 정치에서 항상 상대의 의견을 거부하거나 대항하는 형태가 나타난다. 상호 의견에 대한 거부는 동시대에도 발생할 뿐만 아니라 시대를 넘어서도 이어지며 세계정치는 물론 세계질서 구축에 커다란 문제로 자리 잡았다. 추론해 보건대, 만약 각국이 대립이 충돌하는 상태이고, 각국의 국내정치 역시 대립이 충돌되는 상태라면, 이러한 이중적인 대립이 충돌하는 정치체계를 가진 세계에 양호한 세계질서가 구축될 수 있을까? 아마도 쉽지 않을 것이다. 이는 전 세계 지식계가 21세기에 진정으로 성찰해야 하는 현대정치 문제이다.

개혁개방 40년, 중국 외교 발전 노선이 가지는 세계적 의의

신중국 성립 이후, 그리고 개혁개방 40년 동안, 중국은 중국 특색의, 동시에 다른 국가들이 참고하고 귀감이 될 만한 외교발전 노선을 개척해왔다. 또한 신형 국제관계의 구축, 더욱 양호한 국제질서에 대한 모색 등을 위해 중국의 이론, 중국의 방안, 중국의 실천을 통해 공헌해왔다.

40년 동안, 중국은 외부세계와 평화공존, 평화발전, 협력과 윈윈의 관계를 기본적으로 확립했다. 이러한 체계의 핵심은 대립과 대항이 아닌 협력과 협의, 폐쇄성과 배타성이 아닌 개방성과 포용성, 상대방이 지면 내가 이긴다는 생각이 아닌 상호 호혜와 윈윈, 내가 높고 상대가 낮다는 생각이 아닌 상호 존중에 기인한다. 이를 통해 침략을 통한 확장, 외부자원의 강탈, 해외 식민지 구축 등과 완전히 차별화된 새로운 대국 외교의 발전 모델을 창조하고 전 세계에 보여주며 신형 국제정치문명의 중요한 함의를 전달했다. 이러한 대외관계 체계의 가치가 지닌 함의, 논리적 특성, 제도적 기반, 실천 형태 등은 중국 특색 국제관계이론과 외교 이론의 핵심적인 요지로, '신형 국제관계' 구축을 위해 중국의 사상적·이론적 자원을 제공한 것이다.

제18차 당 대회 이후, 시진핑 외교사상의 지도하에, 중국 외교는 과거의 외교적 성과를 계승하며 능동성과 주도성을 갖추게 되었고, 역사상의 대국외교와 현대의 대국외교 이념의 비교를 통해 시대를 선도하게 되었다. 진영논리를 앞세운 냉전 시대로 회귀할 것인지 아니면 '신형 국제관계'를 협력하여 구축할 것인지, 이데올로기나 가치관으로 구분한 동맹을 구축할 것인지 아니면 차이를 존중하는 구동존이(求同存異)의 인류운명공동체를 구축할 것인지, 자신의 정치제도를 지속적으로 수출할 것인지 아니면 치국이정(治國理政, 국가통치와 정책 운영)의 경험, 교류, 참고를 장려할 것인지, 배타적인 보호무역주의가 기승을 부리는 세계경제체계로 후퇴할 것인지 아니면 개방적이고 포용적이며 상호호혜적인 세계경제체계를 건설할 것인지, 이중적인 대립이 나타나는 국제정치 문화를 강화할 것인지 아니면 조화롭게 공존하는 국제정치 문화의 제창을 장려할 것인지는 모두 전 세계가 직면한 선택이다. 신시대 중국 외교는 상술한 의제에서 정확한 선택을 통해 국제관계와 글로벌 거버넌스를 구축할 능력과 선도할 능력을 보여줬다.

　　21세기에 들어서며 인류가 직면한 수많은 문제들이 아직 해결되지도 않은 상황에서 인류는 또 다시 새로운 문제의 도전에 직면했다. 인류는 21세기에 진입했지만 국제관계의 사고는 여전히 19세기에 정체되어 있다. 인류는 21세기에 낡은 국제관계의 사고를 버리고 새로운 국제정치 문명관을 수립해야 한다. 개혁개방 40년 동안 중국 외교는 세계 외교에서 중요한 지위를 차지했을 뿐만 아니라 전 세계 각국이 신형 국제정치 문명을 탐색하는 데 있어 중요한 성과 중 하나가 되었다.

9장

중국 개혁개방의
시대이념

후더쿤(胡德坤)
우한(武漢)대학교 국제문제연구원 원장

20세기 초 제국주의의 형성은 세계 역사가 분리되어 발전하는 단계에서 종합적으로 발전하는 단계로 접어들었음을 상징적으로 보여준다. 세계는 하나의 긴밀한 전체(全體)로 연결되었으며, 세계 역사의 발전 단계마다 각기 다른 시대와 시대이념을 낳았다. 시대는 세계 정치경제, 사회문화 발전 과정에서 나타나는 각기 다른 역사적 단계를 의미하며, 역사적 단계의 함의와 특징 또는 주제의 거시적 개괄이라고 할 수 있다. 시대이념은 시대의 주제에 대한 인간의 판단과 인식이자 일국의 정치 방침을 제정하는 이론적 지침을 의미한다. 따라서 시대의 주제에 대한 판단의 옳고 그름은 국가의 정치방침이 옳고 그른지 여부를 결정하며, 나아가 국가의 흥망성쇠와도 연결된다. 마찬가지로, 국가의 외교방침 또한 시대의 주제에 대한 판단에 기초한다.

평화와 발전의 시대관과 무적외교(無敵外交) 이념

1949년 신중국 성립 이후 중국은 동서 냉전의 소용돌이에 휘말려 미국을 위시한 서방국가의 봉쇄에 포위되고 고립되었다. 1960년대 중소관계가 분열되면서 중국은 미국과 소련의 이중 압박에 처했다. 중국은 세계가 여전히 전쟁과 혁명의 시대라고 생각했다. 국내에서는 계급투쟁을 내세웠고, 외교적으로는 미국과 소련이라는 초강대국의 핍박에 맞서 주먹을 날리는 유적외교(有敵外交, enemy diplomacy)를 시행했다.

　　그러나 1960년대 이후, 미소 냉전이 긴장과 완화를 반복했음에도 불구하고 전 세계에 두 가지 변화가 나타났다. 첫째, 자본주의와 사회주의의 양대 진영이 대대적으로 분화되고 개편되면서, 두 진영에 속한 국가들이 적대관계에서 공존관계로 변화하며 냉전의 시기에서 데탕트의 시기로 전환되었다. 둘째, 전후 세계 경제가 급격하게 발전했다. 매디슨(A. Maddison)의 연구결과에 따르면, 전 세계 GDP는 1950년 5.34억 달러에서 1973년 16.06조 달러로 증가했다. 이는 1950년과 비교해 13.42조 국제달러, 즉 2배 증가한 것이다.[1]

　　이러한 국제 정세의 완화 추세와 급속한 경제발전 속에서 1978년 중국공산당 11기 3중 전회에서는 개혁개방을 국가의 기본방침으로 확정했다. 이로써 중국은 국내에서 계급투쟁을 지양하고 경제건설을 당과 국가 업무의 중심으로 전환했으며 대외 개방을 시행하고 세계 각국의 평화 공존과 양호한 국제 환경을 조성하는 데 힘썼다.

　　세계 전쟁과 평화에 대한 판단은 국가의 대내외 정책을 결정하는 전제조건이다. 개혁개방 이후, 덩샤오핑은 세계의 기본적인 갈등과 그 흐름을 분석하고 세계 평화와 발전이라는 문제에 대해 깊게 고민했다. 1980년 10월, 덩샤오핑은 중앙지도자 담화에서 "과거의 우리 방식은 먼저, 대대적으로, 내일도 싸우는" 것이었으나 "지금 보건대, 5년 혹은 그 이상의 시간이 있어도 싸울 수 없다"는 견해를 밝혔다. 1983년 3월에는 "전쟁은 일어나지 않는다. …예전에는 항상 전쟁을 걱정했으나… 지금 보니 지나친 기우였다. 내가 보기에 적어도 10년 동안 전쟁이 없을 것"이라는 견해를 밝혔고, 1984년 11월에는 "전쟁의 위험에 대해서는 마오 주석 때부터 이미 오랫동안 언급되었다. 4인방 해체 이후에도 우리는 꽤 오랫동안 전쟁을 언급해왔지만 이제 우리는 냉정하게 새로운 판단을 내려야 한다. 이 판단은 우리에게 매우 중요하다. 우리는 안심하고 국가를 건설할 수 있으며, 우리의 관심을 국가 건설로 전환해야 한다"는 입장을 밝혔다.[2]

1987-1988년까지 덩샤오핑은 여러 차례 외빈과의 접견에서도 "3차 세계대전은 비교적 오랜 시간 동안 피할 수 있을 것 같다. … 이 기회를 이용해 모든 역량을 다해 경제를 건설해야 한다", "전반적으로 지금 세기와 다음 세기의 오랜 시간 동안 싸움은 일어나지 않을 것이다. 20년, 30년, 40년의 평화시대를 이용해 자신을 잘 발전시켜야 한다"[3]는 입장을 밝혔다. 이러한 발언에서 보건대, 덩샤오핑은 국제 정세에 대한 분석을 통해 세계대전은 긴 시간 동안 발생하지 않을 것이며, 세계는 오랫동안 평화를 유지할 것이라는 판단을 내렸다. 이러한 판단은 중국이 이 시기를 경제 발전을 위한 전략적 기회로 활용하기 위한 전제조건이자 새로운 시대적 주제를 간결하게 하기 위한 전제조건이다.

1984년 10월 31일, 덩샤오핑은 산 유(San Yu) 미얀마 대통령과 만난 자리에서 "국제적으로 두 가지 문제가 매우 두드러진다. 하나는 평화 문제이고, 다른 하나는 남북문제다. 그 외에도 많은 문제가 있지만 이 두 가지 문제는 전반적인 정세와 관련되어 전략적인 의의를 가지고 있다는 점에서 다르다. 현재 세계의 북부는 발달했고 부유한 반면, 남부는 발달하지 않아 가난하다. 상대적으로 부자는 더욱 부유해지고 가난한 자는 더 가난해진다"[4]는 견해를 밝혔다. 1985년 3월 4일, 덩샤오핑은 중국을 방문한 일본 상공회의소 방문단과의 접견에서도 "현재 세계의 진짜 큰 문제는 세계적 전략 문제이다. 하나는 평화 문제고 다른 하나는 경제 문제 즉 발전 문제이다. 평화 문제는 동서 문제이고, 발전 문제는 남북 문제이다. 간단히 말해 문제는 동서남북 네 자이며, 남북 문제가 핵심 문제다", "현재 남북 문제는 세계 인구의 3/4을 차지하는 남부는 너무 가난하고, 세계 인구의 1/4에 불과한 북부는 선진국이라는 것"이라고 지적했다. 또한 "남부가 적절한 발전을 이루지 못한다면 북부의 자본과 상품 수출로 또한 제한적이다. 남부가 계속 가난하다면, 북부는 판로가 없을 것이다"[5]라는 견해를 밝혔다. 1988년, 덩샤오핑은 인도 라지브(Rajiv Gandhi) 총리 등을 만나 "현재 세계의 중요한 문제는 평화와 발전, 두 가지다. 평화는 희망적이지만 발전은 아직 해결되지 않았다"고 말했다. 그는 남북 격차가 줄어들지 않고 오히려 날로 확대되고 있다고 지적했다. 따라서 "발전 문제를 전 인류가 심각한 문제로 인식하고 해결해야 한다. 그래야만 발전 문제를 개도국 자신의 책임이자 선진국의 책임임을 분명히 할 수 있다"[6]고 강조했다.

이상 덩샤오핑의 담화에서 보듯이, 평화와 발전은 세계의 주요 갈등이자 문제이며 세계 각국이 시급히 해결해야 할 주요 임무이다. 1997년 제15차 당 대회에서는 덩샤오핑의 평화발전 사상을 '현 시대의 주제'와 '시대적 특징'으로 확정하고, 평화와 발전을 중국 개혁개방의 시대이념으로 삼았다.

세계 역사의 진화는 덩샤오핑의 평화와 발전이라는 시대적 주제에 대한 판단이 옳았고 시기적절했음을 증명한다. 평화발전 시대에 중국은 대내적으로 적시에 경제건설을 중심으로, 어렵고 복잡한 개혁을 통해 사회주의 시장경제를 확립하며 경제의 고속 발전을 추진했다. 1978년 중국의 GDP는 0.22조 달러로 세계 10위였으나, 2010년 중국의 GDP는 5.798조 달러로 증가해 일본을 넘어 세계 2위가 되었다. 대외적으로, 1989년 덩샤오핑은 리처드 닉슨 전 미국 대통령에게 "국가와 국가 간의 관계를 고려하는 것은 국가 자체의 전략적 의의에서 출발해야 한다. 자신의 장기적인 전략적 이익에 착안해 상대방의 이익을 고려하면서 역사적 원한과 사회제도, 이데올로기의 차이를 따지지 않아야 한다. 대국과 소국, 강대국과 약소국을 막론하고 상호 존중하며 평등하게 대해야 한다. 그러면 어떤 문제든 잘 해결할 수 있다"는 견해를 피력했다.[7] 이데올로기에 따라 구분하지 않는다는 것은 덩샤오핑의 평화발전 시대관에서 출발한 개혁개방의 외교 원칙이다. 이 원칙은 개혁개방 전 "유적외교"(有敵外交)에서 벗어나 전방위적 비동맹외교를 확립했다. 중국의 전방위 비동맹외교는 다음과 같은 성과를 거두었다.

첫째, "무적외교"(無敵外交)를 확립했다. 개혁개방 이후 중국은 적극적인 태도로 신속하게 일부 국가와의 적대 관계를 청산하고 우호관계를 수립했다. 1989년 중국은 소련과 관계를 정상화했고, 1996년 러시아와 전략적 협력적 동반자관계를 수립해 적대적 역사를 종식하며, 적을 친구로 삼는 우호적인 중러관계의 새 장을 열었다. 중국과 한국은 1992년 외교관계를 수립해 43년의 적대관계를 종식하고 1998년 21세기를 향한 협력적 동반자 관계를 체결하며 한중 관계의 새로운 국면을 열었다. 둘째, 중국은 54개국과 협력적 동반자 관계를 수립했다. 동반자 관계를 체결하되 동맹을 맺지 않은 것이 특징이다. 중국은 동반자 관계를 체결한 국가와의 협력과 교류를 크게 강화했다. 셋째, 주변국과 우호적인 관계를 맺고 동반자로 삼는 선린우호(睦鄰友好) 정책을 확립했다. 중국은 주변국과의 관계를 중시하고, 주변의 다양한 지역협력기구를 존중하고 참여하며 주변국과 장기적으로 안정적인 우호관계를 수립했다. 넷째, 국제사회에 적극적으로 융합했다. 중국은 적극적으로 국제사무에 참여했다. 유엔 평화유지 방면에서 정의를 신장하고, 평화유지 행동을 담당하는 등 국제사무에 공헌하기 위해 노력했다. 특히 2001년, 중국은 13년 동안의 길고 힘들었던 협상 끝에 마침내 세계무역기구(WTO)에 가입했다. 이는 중국과 국제사회와의 융합에 상징적인 의미를 갖는다. 다시 말해, 평화발전 시대관을 바탕으로 중국외교는 "유적외교"에서 "무적외교"로 전환하며 모든 국가와 우호적인 관계를 쌓는 데 주력했다. 또한 국제사회의 고립에서 벗어나 국제사회로 융화되면서 국제사무에 적극적으로 참여하고 국제사회에 기여했다.

평화, 발전, 협력, 공리·공영의 시대이념

21세기에 접어들며 세계사에는 다시 한 번 새로운 변화가 나타났다. 첫째, 경제 글로벌화의 과정이 빨라졌다. 경제 글로벌화는 과학기술의 발전과 생산의 사회화 과정이 향상되었음을 의미한다. 국제사회의 분업은 더욱 뚜렷해졌다. 생산의 글로벌화, 무역의 글로벌화, 자본의 글로벌화, 자원 분배의 국제화 등을 포함한 경제 글로벌화는 세계경제의 여러 방면에서 포괄적으로 나타났고, 세계 각국과 각 지역의 경제가 점점 더 '네 안의 나, 내 안의 너'로 긴밀하게 연결하며 세계화 추세를 노정했다. 경제 글로벌화는 "양날의 검"과 같이 각국에 기회이자 도전이다.

경제 글로벌화가 나날이 빨라지는 데 반해 각국이 준비가 미비한 상태에서, 2007년 미국발 서브프라임 모기지 사태가 촉발한 금융위기가 발생했다. 금융위기는 맹렬한 기세로 전 세계를 뒤덮으며 세계 각국에 영향을 끼쳤다. 많은 국가의 중앙은행이 금융시장에 막대한 자본을 투입했으나 위기가 번지는 것을 막지 못했다. 국제금융기구들이 도산했고, 저명한 메이저기업들이 파산했다. 실업률이 상승했고 사람들의 생활 수준은 하락하면서 보호무역주의가 대두됐다. 국제무역이 위축되자 세계경제는 쇠퇴했다. 경제 글로벌화 이후 대다수 개발도상국이 직면한 발전문제는 더욱 심각해졌고, 남북 격차가 축소되기는커녕 오히려 확대되었다. 이러한 추세는 세계 경제의 지속적인 발전을 어떻게 추진할 것인지에 대한 문제가 세계 각국이 공통으로 안고 있는 과제임을 보여준다.

둘째, 세계 각국에 다극화 추세가 나타났다. 1991년 소련이 해체되고 냉전이 종식되면서 세계는 미소 양극체제에서 미국의 독주로 변했다. 일극체제에서 미국은 세계 패권을 자처하면서, 유엔의 취지와 원칙을 핵심으로 하는 반파시즘 전쟁을 바탕으로 전후 세계질서 구축에 끊임없이 도전했다. 강력한 무력으로 세계 약소국에 잇달아 군사 공격을 감행하고 타국의 내정에 간섭하며 미국 단독 패권의 국제 질서를 수립하고자 했다. 다른 한편으로, 평화발전이라는 시대적 환경 속에서 각국은 발전 기회를 얻었다. 일부 국가와 지역은 꾸준히 성장했다. 유럽과 일본, 개발도상국인 중국, 러시아, 인도 등과 미국의 격차를 좁혀지며 다극화 추세가 나타나 일초다강(一超多强)의 구도가 형성되었다. 특히 공정하고 합리적인 새로운 국제질서의 확립을 요구하는 개발도상국들의 목소리가 날로 커지면서 패권주의에 큰 타격을 주었다.

경제 글로벌화와 세계 다극화 추세는 세계가 향후 100년 동안 전례 없던 대변화를 맞게 될 것이며, 어떻게 세계의 항구적 평화를 확보하고 세계경제의 지속적인 발전을 유지할 것인지의 문제가 세계 각국이 당면한 공통의 과제임을 보여준다. 다시 말해, 21세기에 들어서도 세계 평화와 발전이라는 두 가지 시대적 주제는 여전히 해결되지 않았다. 이 밖에도, 세계 각국은 테러, 비전통안보, 자원 고갈, 인구 증가, 식량 부족, 생태환경 악화 등과 같은 문제에 직면해 있다. 이런 중대한 문제의 해결에 전 인류의 운명이 달려 있다.

21세기에 전 세계가 직면한 새로운 과제에 대해 시진핑 주석은 적시에 새로운 시대이념과 시대적 주제를 제시했다. 2013년 3월 23일, 시진핑은 모스크바 국제관계학원 연설에서 '평화, 발전, 협력, 공리·공영은 시대의 흐름'이라고 강조했다. 이는 현재의 시대적 주제의 내용과 특징을 정확하게 보여준 것으로 '협력과 공리·공영 시대관'으로 불린다. 2015년 10월 12일, 시진핑은 중공 중앙정치국 제12차 집체학습회의에서 "세계적 도전이 증가함에 따라 우리가 제시한 '일대일로' 구상, 협력과 공리·공영을 핵심으로 하는 새로운 국제관계의 확립, 정확한 의리(義利)관의 견지, '인류운명공동체' 구축 등의 이념과 조치는 시대적 흐름에 순응하고 각국의 이익에 부합하며 중국과 각국의 이익의 교집합을 증대했다"고 밝혔다. 이는 구체적으로 협력과 공리·공영의 시대이념이 내재한 함의를 서술한 것이다.

지금 세계는 여전히 평화와 발전의 시대이지만, 2020년대가 시작되면서 시대적 주제가 평화와 발전에서 평화, 발전, 협력, 공리·공영으로의 전환기에 접어들었다. 협력과 공리·공영 시대관의 이념에 따라 중국은 대변혁의 시대(大時代), 대전략의 시대(大戰略), 대구도의 시대(大格局)적 사고를 가지고 다음과 같은 협력과 공리·공영의 외교 방침을 확립했다.

첫째, '인류공동운명체'를 구축한다. 2013년 3월 23일, 시진핑은 모스크바국제관계학원 강연에서 "이 세계는 각국의 상호연결과 상호의존이 전례 없이 심화된 세계이다. 인류는 하나의 지구촌에서 살고, 역사와 현실이 교차하는 같은 시공간에 살면서 점점 더 '네 안의 나, 내 안의 너'라는 운명공동체가 되고 있다"는 견해를 밝혔다. 2015년 9월 28일, 시진핑은 제70차 유엔총회 연설에서, "지금 세계는 상호의존하며 동고동락하고 있다. 우리는 유엔 헌장의 원칙과 취지를 계승하고 고양해 협력과 공리·공영을 핵심으로 하는 새로운 국제관계를 수립하고 '인류운명공동체'를 구축해야 한다"고 강조했다. 확실히 세계 역사가 경제 글로벌화의 시대에 접어든 이후, 세계 각국의 이익이 더욱 밀접하게 연결되었다. 인류운명공동체 혹은 각국의 이익공동체를 조성해야 각국의 이익을 최대화할 수 있고, 항구적 평화, 보편적 안보, 공동번영, 개방과 포용, 깨끗하고 아름다운 세계를 건설할 수 있다.

둘째, 협력과 공리·공영의 발전모델을 확립한다. 15, 16세기부터 지금에 이르기까지 세계 역사의 발전은 침략 발전, 자아 발전과 협력 및 공리·공영 발전이라는 세 가지 발전모델을 겪어왔다. 15, 16세기 대항해 시대부터 1945년 2차 세계대전이 종식되기까지의 발전모델은 자본주의의 침략발전 모델이었다. 이러한 발전모델은 세계 소수의 자본주의 국가만이 이익을 얻을 수 있었고, 다수의 식민지, 반식민지 국가는 피해를 입었다. 냉전 후부터 21세기 초까지의 발전모델은 자아발전 모델이었다. 모든 국가는 각기 다른 수준의 발전을 이루었지만 남북 격차는 여전히 크다. 20세기의 두 번째 10년에 진입하며 경제 글로벌화 추세는 세계경제에 엄청난 충격을 가져왔다. 시진핑 주석은 2017년 스위스 다보스에서 개최된 세계경제포럼 개막식 기조연설에서 "우리는 경제 글로벌화를 이끌고 적응해야 한다. 경제 글로벌화의 부작용을 해소하여 모든 국가, 모든 민족이 혜택을 누려야 한다"고 강조했다. 이는 발전모델의 혁신이 필요하다는 의미이다. 각국은 협력하여 활력을 불어넣는 성장모델, 개방과 공리·공영의 협력모델, 공정하고 합리적인 세계경제 거버넌스 모델, 공평하고 포용적이며 보편적 혜택을 함께 누릴 수 있는 발전모델인, 이른바 '협력과 공리·공영의 발전모델'을 만들어야 한다.

셋째, 공상·공건·공향(共商·共建·共享, 함께 논의하고 함께 구축하며 함께 향유하는)의 글로벌 거버넌스관을 제창하고 협력과 공리·공영을 핵심으로 하는 '신형 국제질서'의 확립을 추진한다. 시대는 발전하고 사회는 전진한다. 시대적 주제에 평화, 발전, 협력, 공영이라는 흐름이 나타나자 시진핑 주석은 적시에 글로벌 거버넌스의 새로운 이념을 제시했다. 이와 동시에 국제관계의 민주화를 제창하며 각국이 자주적으로 사회제도와 발전노선을 선택할 권리를 존중해야 하고, 국가의 규모나 강약, 빈부에 관계없이 모든 국가는 평등하다는 점을 강조했다. 이러한 사상을 기반으로 정확한 의리관(義利觀)을 각국이 공통으로 준수하는 국제관계의 규범으로 삼고 세계 모든 국가의 이익을 한데 모아 협력과 공리·공영을 통해 각국의 이익을 최대화한다. 또한 기존 국제질서와 국제관계의 내실을 다지고 유엔이 적극적인 역할을 할 수 있도록 지원하며 세계 각국의 이익과 요구를 반영할 수 있는 공정하고 합리적인 협력과 공리·공영의 새로운 국제질서를 수립한다.

넷째, '일대일로' 구상을 추진한다. 2013년 9월과 10월, 시진핑 주석은 '신 실크로드 경제벨트'와 '21세기 해상 실크로드'를 제안했다. '일대일로'는 역사적 전통을 계승하고 발전시킨 것으로, 중국에서 시작해 육상과 해상을 통해 전 세계 모든 국가를 연결하는 세계에서 가장 길고 넓은 경제 네트워크를 구축하는 구상이다. '일대일로'는 유엔 헌장의 취지와 원칙을 준수하고 평화공존 5원칙에 의거해 개방과 협력, 화합과 포용, 시장운영과 상호이익을 견지한다. 또한 이데올로기와 경제발전 수준에 따라 구분하지 않고, 모든 연선국이 동등하게 협력과 공리·공영의 의리관을 실현할 수 있는 새로운 경제이익공동체이다. '일대일로'는 말뿐인 약속이 아니라 실질적 추진이다. 평화협력, 개방포용, 상호학습, 상호이익, 공리·공영의 실크로드 정신을 계승한 '일대일로'는 정책소통, 시설연계, 원활한 무역, 자본유통, 민심교류를 통해 연선 국들이 직접 볼 수 있고 만질 수 있는 실질적인 효과와 이익을 창출함으로써 각국의 발전을 촉진하고 모든 국가가 혜택을 누릴 수 있도록 한다.

다섯째, 주변외교를 중시하고 '주변운명공동체' 구축에 주력한다. 가장 중요한 것은 주변외교이다. 2013년 10월, 중공중앙은 건국 이래 처음으로 주변외교 공작좌담회를 개최하여 주변외교가 중국 전체 외교 구상에서 특수한 위치에 있음을 보여주었다. 시진핑 주석은 신중국 선린외교 전통을 계승하고 '평화, 발전, 협력, 공리·공영'의 새로운 시대적 흐름 속에서 '친·성·혜·용(親·誠·惠·容)'의 주변외교 이념을 제시했다. 친(親)은 선린우호와 상호협조를 견지하고, 평등과 감정을 중시하며, 자주 만나고 왕래해 마음을 따뜻하게 하고 마음을 얻는 일을 함으로써 주변국들이 중국을 더 우호적이고 친근하게 대하도록 하는 것이다. 중국을 인정하고 지지하게 하며 친화력, 호소력, 영향력을 강화하는 것을 의미한다. 성(誠)은 성심성의껏 주변국을 대해 더 많은 친구와 파트너를 확보하는 것을 의미한다. 혜(惠)는 호혜적 원칙에 따라 주변 국가와 협력하고, 보다 긴밀한 공동이익 네트워크를 구축하며 양측의 이익을 융합해 높은 수준으로 끌어올리는 것을 의미한다. 이를 통해 주변국이 중국의 발전에서 이익을 얻을 수 있고, 중국 또한 주변국과 함께 발전하면서 이익과 협조를 얻을 수 있도록 한다.

중국의 협력과 공리·공영의 시대관과 협력과 공리·공영의 외교방

침은 경제 글로벌화의 암흑에서 벗어나 광명을 찾는 것과 같이 전 세계
를 협력과 공리·공영의 새로운 시대로 이끌 것이다.

1   Angus MAddison. 2004. *The World Economy: Historical Statistics*, OECD Development Centre.
2   鄧小平外交思想學習綱要, 世界知識出版社, 2000年, pp.22-23.
3   Ibid. pp.25-26.
4   鄧小平文選 第3卷, 人民出版社, 1993, p.96.
5   Ibid. p.106.
6   Ibid. p.282.
7   Ibid. p.330.

중국어 원문

从浦东开发看
中国改革开放40周年

赵启正（前）全国政协外事委员会 主任

　　李熙玉所长(以下简称"李")：非常感谢您能在百忙之中访问成均中国研究所并接受我们的采访。赵主任可以说不仅是中国改革开放40年的亲历者与参与者，也是这个过程中向世界讲述"中国故事"的代言人。

　　赵启正主任(以下简称"赵")：我很高兴也很感谢有机会能够关于中国改革开放40周年的采访。今年，中国国内举办了各种活动回顾40年改革开放历程并展望未来。但是像成均中国研究所这样由另一个国家发起并邀请中国参加的研讨会并不多见，足见韩国对中国改革开放进程的重视。

　　李：2013年的时候赵主任曾经访问过韩国。当时赵主任作为团长率领代表团来韩向我们介绍了中国的改革开放。记得您当时说过，可以把中国比作一辆急速行驶的列车，共有34节车厢（省级行政区），不仅搭乘乘客众多，还要保持7%以上的前进速度，这就要求必须不断检修各种出现问题的零件，并且在行进中不抛弃任何一节车厢。这一比喻给我留下了深刻印象。

赵：是的。我曾在5年前召开的中国共产党十八届三中全会之后不久受中国中联部的委托，专门来韩国介绍过中国改革开放的深化方向，我当时称之为新一轮的改革开放。而今天，我想以我参与的浦东开发开放的经历和体会，向大家提供观察中国改革开放40年的另一种视角。所以，我不作学术报告，也不打算给出人们展示一些已经熟知的数字或表格。我们很愿意与韩国研究中国的优秀学者们分享其中的成功与挫折，为的是听取韩国朋友的评论和一些忠告。

改革开放序幕

李：1978月召开的十一届三中全会是改革开放的起点。中国通过进行改革开放在各个方面都实现了飞跃性的发展。特别是在经济方面取得了举世瞩目的成果。但推进改革开放之时也面临了困难。

赵：在十年文化大革命当中，中国将阶级斗争而不是经济发展作为国家的主要任务，加之长期采用了高度计划经济体制，使得中国经济已经濒临崩溃。在1978年12月召开的中国共产党十一届三中全会上做出了将工作重心转移到经济建设上来的决定。还提出必须要对外开放，对内改革，以开放促改革。40年中国发生的翻天覆地的变化正证明了当时这个决定是完全正确的。

李：中国改革开放的一项主要内容是通过改革将实行了30年的高度计划经济向社会主义市场经济转变，这是一个十分艰难的选择。也可以说中国由此正式进入了迈向社会主义市场经济的过渡期。

赵：这个过程就不是一蹴而就的。我们回顾一下几个标志性时间：1978年12月，中共十一届三中全会决定把国家的战略重点转移到社会主义现代化建设上来，当时还没有提到市场经济。1982年中共十二大提出以计划经济为主，市场调节为辅。1987年十三大提出以公有制为主，发展多种所有制经济，继续改革市场经济和向世界开放，融入经济全球化。

李：从中国人的传统观点来看，必然会有反对引入市场经济的决定。例如，陈云认为"市场调节与计划指导的关系就像'鸟和笼子'"，邓力群则称"资本主义会导致精神污染"，有关市场经济会招致中国出现民主革命的舆论也层出不穷。

赵：到了1992年的十四大才根据邓小平关于计划经济与市场经济的精辟论断，提出了社会主义市场经济理论，并由此确立了我国经济体制改革的目标是建立社会主义市场经济体制。当时，不少中国人按传统观念把市场经济和资本主义联系起来，给改革开放造成了许多阻力，社会主义市场经济的确立不仅是经济体制的改变，背后也体现着中国人思想的变化。

李：不仅是中国，韩国也在进行着有关改革开放的多个主题研究。我们研究所邀请各领域的专家参与，并出版了有关中国改革开放40周年的书籍。在您看来，对于改革开放，还应该有哪些更加需要深入研究的部分？

赵：研究中国改革开放不能忽略一个重要环节—改革开放的人才准备。在1976年文革结束后，因为缺少现成的人才资源，只能请老干部尽快复归岗位，但是干部队伍老化和知识结构陈旧问题显现，于是培养年轻干部和干部制度改革成为当务之急。

李：这与邓小平同志曾经提出的"要努力实现干部队伍的革命化、年轻化、知识化、专业化"的思想具有一致性。这种思想对想实现改革开放的北韩也有一定的参考价值。

赵：1977年9月，中国恢复高考。1980年8月邓小平提出干部要"革命化、年轻化、知识化、专业化"，选拔要"制度化"。在上世纪80年代初，上海市和全国一样选拔了很多优秀的年轻人，对他们进行了国内外培训，支援了各领域的人才需求。我本人就是在这一时期从工程师的岗位上被选拔到上海市的领导层，在多年内负责过上海市人才培养、提升和管理的职责，所以对人才选拔培养对改革开放的重要作用深有体会。如没有充分的人才准备，中国的改革开放是不会这样顺利的。

浦东开发—历史翻开崭新一页

李：中国各地区的发展水平各不相同，重大改革难以同时进行。我想正是因为这样理由，才会在1980年，以深圳为起点，指定珠海、汕头、厦门为经济特区，1984年，在上海等东南部14个沿海城市实行依次开放的政策路线。

赵：改革的构思需要大胆，而实践需要谨慎。简言之，就是"大胆和谨慎相结合"，形象地用中国俗语表述就是"摸着石头过河"。因为中国各地发展程度相差很大，难以同时进行重大改革。于是就选择一些地区先行试点，成功了再复制和推广。中国第一批特区选在深圳等四个地方。深圳原来是一个临近香港的小渔村，在那里进行试验，不会有重大的风险。那里的先天优势是容易得到香港资本的投入，而且深圳人来自全国各地，各地文化融合，形成了深圳人勇于创新的时代精神。

李：根据最近广东省政府下属的粤港澳大湾区研究院发表的报告，深圳被选为中国最适合经商的城市。调查结果显示，因为深圳是唯一一座有超过300万名企业家，几乎1/4的市民都是企业家的城市，这个数字是北京或上海的2倍。听了您的阐述，我明白了为什么每天会出现1500次创业和50个专利涌现的现象。而与深圳相比，上海开放的时间稍晚一些。

赵：一直以来，上海市是中国财政收入的第一负担者。如果上海的改革有任何闪失，对全国财政会都会产生重大影响。在深圳取得初步成功之时，中国政府才在邓小平的亲自推动下于1990年宣布浦东开发计划。1992年中共十四大报告提出，"以上海浦东开发开放为龙头，进一步开放长江沿岸城市，尽快把上海建成国际经济、金融、贸易中心之一，带动长江三角洲和整个长江流域地区经济的新飞跃。"1993年1月上海浦东新区正式成立。我以副市长兼任上海浦东新区管委会主任，负责浦东的规划和建设。

李：您当时担任了上海市副市长和浦东新区管理委员会主任，对于当时的情况应该如数家珍。作为浦东开发领导者与亲历者之一，浦东开发史的首页是如何翻开的呢？或者说当时中国政府为什么选择了浦东作为新区？

赵：首先浦东开发的目标是振兴上海连通世界。我担任浦东新区主任后，首先要做的是建立浦东新区在世界的"存在感"，就是让全世界知道这个中国地图上都没有的"浦东"（以前，"浦东"只是上海黄浦江以东大片地区的口头称呼），希望更多的人知道"浦东"，知道浦东开发是世界共享的机会。

李：为了实现一个地区的发展需要吸引很多的投资。但是具体来说怎么能吸引到外来投资呢？

赵：我广泛地向国内外投资者、媒体介绍浦东开发，就是希望浦东能够"出名"。我说，亚太有一条经济走廊，这个走廊由东京经过首尔、上海、台湾、香港、新加坡，最后到科伦坡，而浦东是这条经济走廊的中间点，所以在浦东来投资可以北上兼顾日本、韩国，南下联通东南亚各国，这确实吸引了很多投资者。

李：这是十分富有战略性的思考。当时您作为浦东新区的首位主任，制定了哪些具体的发展目标？

赵：国际间的政治对话是通过首都进行的。而经济对话必然是通过最大的一个或两个经济城市进行。虽然中国没有伦敦、纽约、巴黎、东京那样的国际金融中心或国际经济城市。但是上海是最有希望成为国际大都市的，可是，尽管当时基础设施、产业结构、居民住房等都明显落后。我们很明白浦东开发是振兴上海的巨大机会，能使上海成为面向全球的国际级的大城市，为中国参与全球经济提供一个高效的交流中枢。

李：浦东开发虽然意味着对已有的工业经济进行市场化改革，但上海也同时具有金融或经济转变的决心，并为此专门成立了专门机构，曾经担任上海市市长和党委书记的朱镕基、黄菊提供咨询。尽管如此，西方对浦东开放的态度并不友好。

赵：浦东开发计划宣布后，西方的反响比较消极，被多数舆论认为"只是口号，不会是行动"。有的西方媒体甚至说浦东开发是"波将金村"那样的骗局。后来浦东有了最初的进展时，没想到又引起了美国媒体的质疑。如，波士顿环球报问到"中国会威胁美国吗？"浦东开发与世界上其他地区的开发相比，从一开始就面对了国际社会的更多质疑和不信任，对于技术转让也更为严苛。今天浦东开发获得成功，成为浦东奇迹，背后不仅仅有浦东建设者的辛劳和智慧，还反映了中国特色社会主义制度的潜力。

关注浦东开发"软效果"的理由

李：浦东开发取得了很多成果，最具代表性的当然是经济的发展。我也非常同意您将这些成果分类为"硬成果"与"软成果"，您能否具体阐释一下浦东开发所取得的成就？

赵：浦东开发取得了很多成果，可以大体上分为两类："硬成果"是看得见的或能用数字表述的成就，它们容易引起世人注目。"软成果"则是那些不能用数字表述的，而实践证明可行的思路和体验，它们往往容易被人们忽略。

李：浦东开发区取得了"硬成果"与"软成果"的双丰收，这不禁让我想起《邓小平文选》第三卷中一句非常重要的——"两手抓，两手都要硬"。改革开放与社会主义现代化建设都不应忽视精神文明与物质文明。

赵：一个一目了然的"硬成果"就是浦东陆家嘴的挺拔的高楼和靓丽的天际线。一个最简单的"硬成果"的数据，是按照1990年不变价格，浦东2007年的经济规模已相当于1990全上海经济规模的1.7倍。当前，浦东GDP约占上海市的30%，税收的25%、进出口贸易的60%、合同资金的70%。而浦东开发的"软成果"很多。如："站在地球仪旁思考浦东开发"。浦东开发目标是要做一个全球级的经济城市，因此浦东的城市规划者必须具备国际眼光和国际思维，"在开发中不仅吸纳世界的资金和技术，更注意吸纳世界的智慧"。

李：通过浦东开发，上海和中国取得丰硕成果。但是高速的经济发展也会伴随着一定的"副作用"。对此，中国是如何克服的呢？

赵："浦东开发不只是项目开发，而是社会开发，是争取社会的全面进步"。浦东开发不仅仅要把一个个项目建设好，实现高速增长，还要让经济效益惠及民众，所以特别重视医院、学校的建设，关注失地农民的培训和再就业，帮助他们克服快速城市化带来的不适应。

李：从海外投资情况来看，越是宏观性的计划可能越容易遭到外部的介入，从而对原来计划造成负面影响。作为决策者的您是如何看待这一问题？

赵：我也有思考过相关问题。我们解决此类问题的方法是——法规和规划先行。"法规和规划先行，形态开发服从于功能开发"。法规和规划先行能够避免建设过程中的随意性。我们坚持浦东的建设规划报至上海市人大审批，因为这样就不能随意更改。我们还颁布了多部有关吸引投资的法律法规。基辛格曾说过，浦东最大的收获不是建成的高楼和工厂，而是良好的国际公共关系，就是在浦东开发过程中获得的投资者的"诚信感"。法规和规划先行，是"诚信感"的保障。而我们在做建设规划时，一定要根据项目应当具备什么样的社会功能来决定其看得见的形态的设计和建设，我们遵循的原则是"形态开发服从于功能开发"。

李：浦东正在发展国际金融贸易区、出口加工区、保税区、高科技产业区、现代农业开发区。其中国际金融贸易区一直是关注的对象，最近吸引外国资本和研发(R&D)产业的高科技产业区备受瞩目。这类特色产业区的产业区的形成是否可以看做是从过去计划的持续呢？

赵：我们在浦东开发之初就提出了这三个先行：基础设施、金融和高新技术先行。在考虑土地选址和资金支持时，会给予优先考虑的地位。为此，我们不惜对一些意向投资很大的传统行业项目说不，比如曾经有一家国际知名的造纸企业想在浦东投资，我们拒绝了。严格按规划使用土地—惜土如金。这不仅仅是说浦东的地价贵，而且建设投资也得是"贵"的。要讲究投资密度和效益，对投资高科技的工厂、现代化的大楼的用地才容易得到批准，这才叫"惜土如金"。在全国我们是最早按建筑面积价出让土地的地区之一，而是以平方米为计价单位。高地价当然也吓跑了不少投资者，但留下的也正是浦东需要的产业项目。

李：据推测，不仅是特色产业区，证券交易所、期货交易所、外汇交易中心、知识产权交易所等要素市场先发形成，也成为扩大对浦东投资的契机。

赵：这使我想起了浦东建设中一直在积极的营造良好投资环境。先"简政"，再"精兵"。简政就是减少政府的功能，首先要厘清哪些是政府必须要管的，比如规划、财政、社会保障体系、教育等。还要厘清哪些是政府不要管的，是可以让社会让市场去管的，如投资咨询、人才介绍所、行业守则等等。如果不先减少政府的功能和部门，就难以减少政府公务员的数量。"勤政廉政也是重要的投资环境"。浦东开发一直伴随着重大工程的建设，这也是容易发生贪腐的领域。从浦东新区政府机构设立一开始，我们就强调开发建设与勤政同步进行，明确廉政也是重要的投资环境。

李：具体的有哪些规定呢？

赵：浦东新区设立了"三条高压线"：领导干部不准直接谈地价；不准干预项目招投标；不准因为动拆迁等私事为人打招

呼。甚至还做了一些"细致的事情"，如曾在对外招商的宣传手册上，印上"在浦东办事，无需请客送礼"等等。

中国改革开放未来与对于朝鲜的含义

李：最近有预测称，随着中国进一步扩大改革开放，海南和上海将会在未来发挥更为重要的作用。随着海南被指定为自由贸易港，以及上海的一部分报税区将转换为自由贸易港口，这一预测越来越具有说服力。

赵：为了更好发挥上海在对外开放中的重要作用，中央政府最近决定：扩大在浦东的中国（上海）自由贸易试验区的新片区。目的是鼓励和支持上海在推进投资和贸易自由化便利化方面大胆创新探索，为全国积累更多可复制可推广的经验。另外，在浦东的上海证券交易所设立科创板并试点注册制。目的是支持上海国际金融中心和科技创新中心建设，不断完善资本市场基础制度。第三，将支持以上海为首的长江三角洲区域一体化发展并上升为国家战略。

李：1992年中国共产党第14次全国代表大会报告中明确提出了："以上海浦东开发开放为龙头，进一步开放长江沿岸城市，尽快把上海建成国际经济、金融、贸易中心之一，带动长江三角洲和整个长江流域地区经济的新飞跃"。

赵：是这样。中国对上海做出的三个定位的目的是着力落实新发展理念，构建现代化经济体系，推进更高起点的深化改革和更高层次的对外开放，同"一带一路"建设、京津冀协同发展、长江经济带发展、粤港澳大湾区建设相互配合，完善中国改革开放空间布局。

李：2013年十八届三中全会上提出了要全面深化改革，随着全面深化改革的进行，有评价称中国进入了第二次改革开放时代。您认为未来中国改革开放的方向在哪里？

赵：从结论来说，中国会不断地深化改革，扩大开放。十八大以后，中国迈入了新时代，改革开放也进入了"深水区"。腐败问题、环境问题、社会分配问题、经济结构问题、国企改革问题、政府与市场关系问题等等，许多都是长期存在的深层次问题，相互交织在一起，犹如难啃的硬骨头。要解决这些问题，就必须深化改革，需要的不仅仅是智慧，更有决心和毅力。

李：十八大以来，从中国政府铁腕治腐、简政放权、脱贫治污的举动都可以反映出这一点。我想这些政策的推进反映出了您刚才说的决心与毅力。

赵：2017年党的十九大指出，中国社会的主要矛盾已经转化为人民日益增长的美好生活需要和不平衡不充分的发展之间的矛盾。只有通过全面深化改革，才能解决社会主要矛盾，实现人民的美好生活的中国梦。近几年，由于全球经济复苏艰难，逆全球化、保护主义在不少国家都有所抬头，有的国家甚至抛开世贸组织，挥舞起关税大棒解决贸易问题。中国不会走保护主义的道路，中国会坚定推进全球化，开放的大门只会越开越大。

李：习近平主席在博鳌亚洲论坛、海南省经济特区30周年纪念大会等多个场合强调开放的重要性。有评价称，扩大开放是中美贸易摩擦的结果。部分人甚至担忧中美贸易摩擦会导致出现新冷战。您如何看待这些观点？

赵：中美之间不会发生新的冷战，因为中美内部没有发生冷战的需求。因为这种冷战对本国的伤害可能比对方还要大。冷战时期，美国与苏联几乎没有贸易，文化基本上没有交流。美俄之间几乎不存在相互依存性，文化、人际交流也非常少。但是中美之间的情况则完全不同。两国不得不考虑自身的利益，

李：部分人认为围绕尖端产业的技术开发和制度标准竞争导

致了中美贸易摩擦。面对美国的强有力的遏制和施压，您认为中国应该如何应对？

赵：并不是今天美国才不向中国输出高新技术，一向如此。不仅是中国，对韩国也有限制，但只是对中国更为严格而已，因为中国在技术方面可能追得很快。事实上，美国也认识到遏制可能会放缓中国技术发展的速度，但无法阻挡中国技术发展的脚步。此外，核心技术虽然要依靠自力更生，但是不与外国交流，会付出很大代价，也一点中国也深有体会。中国发展核武器时就是自立更生，但是中国不会如此狭隘到不他国，今后仍旧愿意与其他国家交流，例如中韩交流就在不断扩大。

李：赵主任拥有丰富的改革开放经验。最近有观点认为朝鲜会采取社会主义经济建设路线来推进改革开放，在此过程中，北韩面临着多种选择。作为通过改革开放上取得了巨大成就的中国来说，能否向北韩提出哪些建议呢？

赵：如果朝鲜的朋友来我会给他们讲一讲我们的故事。其实包括韩国可能也需要改革。因为整个世界都在发展，所以国家怎么能不改革呢？改革并不意味着否定自己，只是因为时代变了，自己也要顺应时代做出调整。我觉得朝鲜会改革的。不过我们应该给他们创造改革的外部环境，因为现在的朝鲜太孤立了，不得不关注自身安全，担忧外部威胁，因此才会发展核武器。如果外部环境安全威胁消失的话，自然会把精力更多的放到经济上。所以与其给朝鲜建议，不如为他们提供更好的外部环境。韩国作为同一个民族，更应如此。

李：再次感谢您能够接受我们这么长时间的采访，请您给韩国读者说几句话。

赵：中韩两国建交于1992年。这一年也是浦东开发的元年，如今浦东已经成为可以媲美当年汉江奇迹的浦东奇迹，而中韩贸易在建交后20多年的发展，似乎也有着奇迹般的向上轨迹。如今，中韩两国已经成为密不可分的贸易伙伴，中韩贸易造福着两国无数的民众。没有中国的改革开放，很难想象浦东会有这样的发展，也很难想象我们两国间的关系已经如此密切。未来，中国将继续坚定走改革开放的道路，中国人民的生活会更加幸福，而他们对美好生活的需要必定包括来自韩国的更多的好产品，好服务。

1章

中国做对了什么

张维为 复旦大学 中国研究院 院长

　　短短40年的改革开放，中国的面貌发生了翻天覆地的变化。中国国内生产总值从3679亿元增长到2017年的82.7万亿元，年均实际增长9.5%。同一时期内，中国国内生产总值占世界生产总值的比重由1.8%上升到15.2%。[1]　这是人类历史上第一次一个社会主义国家，通过数十年的不懈奋斗，从一个贫穷落后的国家一跃成为世界最大的经济体（按购买力平价），中国消除了世界最多的贫困，形成了世界最完整的产业链，创造了世界最大的中产阶层，向全世界输出最多的游客，成为世界经济增长的最大引擎，还基本实现了全民医保和养老，虽然水平仍参差不齐，但美国还做不到。中国今天还是世界制造业第一大国、货物贸易第一大国、外汇储备世界第一大国。

　　这些成就是如何取得的？有人把它归结为劳动力便宜，但世界上劳动力价格低于中国的国家很多，绝大多数都没有成功。有人说，中国靠的是大量引进外资，中国的崛起有外资的贡献，但吸引和利用外资本身需要很好制度的安排。而吸引外资最多的国家，按人均计算的话也不是中国，而是东欧国家。有人认为中国靠的是威权主义，但按照西方的定义，世界上属于威权主义的国家有很多，但创造奇迹的并不多。回望中国崛起的伟大进程，中国究竟作对了什么？要回答这个问题，我们可以回顾一下中国主要领导人邓小平在中国改革开放过程中为中国所作的主要战略选择，并把这些选择与世界上其他国家的选择做一个比较，特别是与发展中国家、转型经济国家和西方国家的选择做一些横向比较，我们就可以得出一些比较慎重的结论。

与发展中国家比较

过去数十年，发展中国家大致采用了两种发展模式：一种是全盘照搬西方，特别是政治和经济制度几乎完全照抄西方，如菲律宾等许多国家。另一种是全盘否定西方，举民族主义之旗，走与西方隔绝之路，如委内瑞拉等许多国家。但两者效果都不佳。全盘照搬西方的国家多数陷入政治机器空转，部落、种族、宗教矛盾激化，百姓生活长期得不到改善。即使少数没有陷入动乱的国家，也无力实现国家的工业化和现代化。而全盘否定西方的国家则大多陷入民粹主义泛滥，资金、市场和技术匮乏，民生艰难的境地。

与这两类模式不同，中国从改革开放一开始，邓小平就一直在探索一种趋利避害的模式。邓小平主张学习和借鉴人类文明一切有益的东西，但在这个过程中不能放弃自我。1988年5月，一位非洲总统来北京，希望邓小平谈谈中国改革开放的主要经验，邓小平讲了二点：第一、"建设一个国家，不要把自己置于封闭状态和孤立地位，要重视广泛的国家交往，同什么人都可以打交道，在打交道的过程中趋利避害。"简言之，就是不要闭关锁国，不要拒绝全球化，但要在开放中保持自我，趋利避害。第二、"解放思想、独立思考，从自己的实际出发来制定政策。经济问题如此，政治问题也如此。"2)

邓小平还在另外一个场合指出"一旦中国全盘西化，搞资本主义，四个现代化肯定实现不了。中国要解决十亿人的贫困问题，十亿人的发展问题。如果搞资本主义，可能有少数人富裕起来，但大量的人会长期处于贫困状态，中国就会发生闹革命的问题。"3)

回望这些年西方主要国家推动的全球化，本质上是新自由主义的全球化，它既是经济的，又是政治的，包含了所谓的"自由化、私有化、市场化、民主化"等。中国领导人从邓小平到江泽民，从胡锦涛到习近平都认为经济全球化是历史大势，中国应该顺势而为，但全球化也是一把双刃剑，处理得好，给人民带来福祉，处理得不好，会带来灾难，所以中国在对外开放的过程中采取了趋利避害的战略。

中国明确把全球化界定为经济全球化，而非政治全球化。中国不仅不放弃社会主义，而且还用社会主义的优势来驾驭西方主导的新自由主义全球化，最终超越资本主义。这使中国在全球化进程中脱颖而出，绝大多数中国百姓成了全球化的受益者。相比之下，许多发展中国家拥抱了全球化，却经历了一场接一场的危机，往往不是他们"利用"了外资，而是整个国家的经济命脉都被外国资本控制，甚至百姓财富被华尔街金融大鳄洗劫一空。4)

与转型经济国家比较

　　转型经济国家或社会主义国家主要采用了两种改革模式：一种是"激进改革模式"，另一种是"保守改革模式"。前者的特点是"双休克疗法"：以西方政治模式为蓝本一下子把一党制变成多党制；以西方经济学教科书为蓝本，一夜之间完成了所谓经济自由化和私有化。"双休克疗法"的结果几乎是灾难性的。苏联领导人戈尔巴乔夫选择了这种模式，结果苏联迅速解体，经济全面崩溃，人民生活水平急剧下降。

　　"保守改革模式"在政治上和经济上坚持原有体制，计划经济为主，辅之于极为有限的市场调节。这些国家对市场经济、全球化和互联网充满恐惧，始终未能建立起真正具有国际竞争力的经济和政治体制，人民生活水平的改善十分有限。卡斯特罗领导下的古巴就是这种情况。5)

中国避免了这两种选择，而是立足自己的国情，形成了一种"稳健改革模式"。1987年10月，匈牙利社会主义工人党总书记卡达尔来华访问会晤了邓小平。当时东欧和苏联的动荡已经初现，邓小平向他提出忠告：不要照搬西方的做法；不要照搬其它社会主义国家的做法；不要丢掉自己制度的优越性。6）卡达尔本人是赞成邓小平观点的，但他党内的同事与他意见迥异，主张在匈牙利进行"彻底的政治改革"，使匈牙利变成"民主社会主义的实验室"，结果就有了后来的政治和经济的"双休克疗法"及其严重的后果。

现在看来邓小平当初对卡达尔讲的三条意见，就是对中国模式总体思路的一个很好概括：不照搬西方，不照搬其它社会主义国家，也不放弃自己的优势。在这"三不"的基础上大胆探索体制创新，大胆学习和借鉴别人的长处，同时也发挥自己的优势，逐步形成了自己的发展模式。邓小平推动的是"稳健改革模式"，其最大特点是大规模经济改革，辅之以必要的政治改革，为经济改革铺平道路，最终落实到民生的显著改善。以经济改革为例，中国借鉴了西方的市场经济之长，发挥了市场支配资源的效率，但也发挥了社会主义宏观平衡的优势，使中国成为世界上唯一没有陷入金融危机和经济危机、人民生活水平大幅提高的主要经济体，现在还走到了世界第四次工业革命的前沿。

与西方国家比较

西方过去数十年向全世界推销最多的就是民主化和市场化，亦可称为"民主原教旨主义"和"市场原教旨主义"。大概忽悠别人的事情做得太多了，结果西方自己也真信这些东西，把自己一并忽悠进去。西方话语创造了无数的所谓陷阱，如"中等收入陷阱""修昔底德陷阱""塔西佗陷阱"等等。其实，过去数十年，最大的陷阱就是两个，即"民主原教旨主义陷阱"和"市场原教旨主义陷阱"。凡是在崛起过程中克服这两个陷阱的就成功了，如中国。凡是陷入这两个陷阱的就失败或走衰，如不少西方国家和许多非西方国家。

"市场原教旨主义"使西方许多国家陷入了金融危机、债务危机和经济危机，多数百姓的实际收入二十多年没有提高。西方推动"民主原教旨主义"，把互联网变成了对他国进行政权更迭的工具，结果是搬起石头砸自己的脚："阿拉伯之春"变成了"阿拉伯之冬"，大量难民逃离战乱涌入欧洲，造成欧洲今天最大的政治危机；美国政坛也出现巨变，一些人说这简直是美国自己的一场"政权更迭"，在这场变革中新社交媒体发挥了关键作用。

相比之下中国避免了这两种原教旨主义的陷阱，而是探索并形成了一种"制度创新模式"。曾几何时，赢得了冷战胜利的西方认为随着新自由主义全球化，西方自由主义民主模式也必然为世界各国所接受。美籍日裔学者福山甚至提出了"历史终结论"，即西方的政治模式代表了"历史的终结"。美国成为世界唯一超级大国，其经济、军事、政治、科技、文化，实力举世无双。依仗这种实力，美国输出自己的政治制度和价值观，要把整个世界纳入到美国设计的经济和政治制度中，在世界范围内实现美国利益最大化。

面对咄咄逼人的民主原教旨主义和市场原教旨主义攻势，邓小平指出："整个帝国主义西方世界企图使社会主义各国都放弃社会主义道路，最终纳入国际垄断资本的统治，纳入资本主义的轨道。现在我们要顶住这股逆流，旗帜要鲜明。因为如果我们不坚持社会主义，最终发展起来也不过成为一个附庸国，而且就连想要发展起来也不容易。"他还清醒地指出："现在国际市场已经被占得满满的，打进去都很不容易。只有社会主义才能救中国，只有社会主义才能发展中国。"7) 邓小平把市场的作用看成是中性的，可以为社会主义服务，也可以为资本主义服务，这为中国"社会主义市场经济"模式奠定了基础。这个模式，虽然还在完善之中，但已经带来了中国的迅速崛起。

在民主问题上也是一样，虽然中国的探索还在进行之中，但邓小平一贯坚持中国的政治制度有自己独特的优势。他多次调侃美国的政治制度是"三个政府"，"美国把它的制度吹得那么好，可是总统竞选时一个说法，刚上任一个说法，中期选举一个说法，临近下一届大选又是一个说法。美国还说我们的政策不稳定，同美国比起来，我们的政策稳定得多。"8)

邓小平认为，一种政治体制的质量如何，取决于三条标准，一是政治局势是否稳定，二是能否推动了人民的团结、改善他们的生活，三是能否令生产力可持续。9)　相较于西方民主，中国自己探索的民主道路更具有划时代的意义。就在西方强调"形式"和"程序"之时，中国把更多注意力放在了"实质"和"结果"上，并由此而探索符合中国民情国情的"形式"和"程序"。今天，我们可以说中国"选拔+选举"的制度安排，虽然还在继续完善之中，但总体上优于仅是依赖选举的西方制度；中国从上到下普遍实践的协商民主总体上高于西方愈来愈民粹的民主；中国的战略规划与执行能力及社会整合能力也明显强于西方国家。

回望过去40年，中国不是没有犯错误，不是没有磕磕碰碰，但是在涉及国家发展道路的战略抉择上，邓小平领导下的中国总体上做出了正确的选择，中国也因此而全方位地和平崛起。中国的这种崛起已经并将继续深刻地影响整个世界和人类的未来。

仅以此文纪念中国改革开放四十周年。

1) 习近平：在庆祝改革开放40周年大会上的讲话,《人民日报》2018年12月19日。
2) 邓小平：《邓小平文选》第三卷，北京，人民出版社，1993年，第260页。
3) 邓小平：《邓小平文选》第三卷，北京，人民出版社，1993年，第229页。
4) 张维为："中国之治和西方之乱的制度原因",《求是》,2017年 第15期。
5) 张维为：《中国触动：百国视野下的观察与思考》,上海：世纪出版集团/上海人民出版社，2012，第65-73页。
6) 邓小平：《邓小平文选》第三卷，北京，人民出版社，1993年，第256页。
7) 邓小平：《邓小平文选》第三卷，北京，人民出版社，1993年，第311页。
8) 邓小平：《邓小平文选》第三卷，北京，人民出版社，1993年，第31页。
9) 邓小平：《邓小平文选》第三卷，北京，人民出版社，1993年，第213页。

2章

中国全面深化改革开放40年
- 基本实践与重大人任务

迟福林 中国(海南)改革发展研究院 执行院长

改革开放40年，中国通过建立并不断完善社会主义市场经济体制，极大地激发了市场活力与经济活力：实现了GDP年均9.5%、人均GDP年均8.5%的增长，经济总量占全球的比重由1.8%上升至15%；2013～2017年，中国对世界经济增长的年均贡献率超过30%。实践证明，"改革开放这场中国的第二次革命，不仅深刻改变了中国，也深刻影响了世界！"

中国开始进入工业化后期

改革开放40年，中国成功实现从工业化前期到工业化后期的历史性跨越，主要得益于以处理好政府与市场关系为重点的市场化改革；得益于打开国门积极融入全球市场。当前，中国开始进入工业化后期，能否推进以实体经济发展为重点的制造业转型升级，成为全面深化改革开放的重大挑战。

处理好政府与市场关系的重大突破。首先，价格改革：从计划决定价格到市场供求关系决定价格。改革开放以来，中国以价格改革为核心，逐步确立了供求决定价格的市场体系。重要的改革实践包括小商品和农副产品价格放开，发展农副市场，发展各类生产资料市场等。截至1997年，中国社会商品、工业生产资料、农副产品收购中，按市场价格交易的比重分别达到93.2%、81.6%、80.5%，比1978年分别提高了91.4、81.6和73.1个百分点。其次，民营企业：从"必要补充"到"重要组成部分"。民营经济的发展经历了从允许到松绑、从承认到鼓励、从政策支持到完善体制的过程。目前，民营经济已经成为中国国民经济的重要组成部分。概括起来说，民营经济具有"五六七八九"的特征，即贡献了50%以上的税收，60%以上的国内生产总值，70%以上的技术创新成果，80%以上的城镇劳动就业，90%以上的企业数量[1]。第三，国有企业改革从放权让利向做强做优做大国有资本转变。中国国企改革从放权让利、扩大企业自主权开始。例如，20世纪80年代中期，中国开始推行二步利改税，实行国企承包经营制，推进股份制改革试点等。在此基础上，积极发展混合所有制经济，推动从"管企业"向"管资本"的过渡。

中国面临制造业转型升级的重大任务。当前，制造业大而不强的矛盾突出。例如，中国制造业增加值约占世界制造业20%的份额，已成为全球制造业第一大国。但从整体产出效率来看，中国制造业人均增加值仅为3000美元，仅为发达国家平均水平的1/3。

此外，产业链存在断层特别是缺失核心环节，核心技术受制于人的挑战十分严峻。再如，中国拥有世界第一的人才规模和世界第二的研发投入，但由于受体制政策因素的束缚，人才规模和研发投入规模优势还难以充分转化为自主创新优势和市场竞争优势。科技成果转化率30%左右的现状与发达国家60%～70%的水平2)相比，差距甚大。这就迫切需要把提高科技要素配置的市场化程度作为全面深化改革的重要任务；迫切需要采取员工持股等多种形式激励科技创新，建立科技成果转化的有效激励机制；迫切需要鼓励科研机构建立法人治理结构，形成以科研为中心的创新管理新体制和激励创新的新机制；迫切需要推动教育的二次改革，推动开放型、创新型教育改革的实质突破。

以产权保护为重点强化民营经济发展的法治保障。民营经济的发展是中国改革开放40年的重大成果，是推进制造业转型升级的主体力量。当前，制造业转型升级的突出矛盾在于民营经济发展的不确定性加大，有些民营企业面临着生存和发展的严重困难。这种状况不尽快改变，制造业转型升级就难以突破，经济增长就很难稳住，高质量发展也很难推进。对此，既需要采取强有力的政策与举措，应对民营经济面临的困难与危机；更需要抓紧研究制定一部《民营经济促进法》，奠定民营经济稳定发展的法治保障基础。同时，以降低制度性交易成本为重点重塑"中国制造"的竞争优势。过去40年，"中国制造"依托低成本优势快速崛起；今天"中国制造"的低要素成本优势正在逐步减弱。"中国制造"要重塑新的综合成本优势，关键在于通过系统的制度变革着力降低制度性交易成本：一是着力大幅降低民营企业税收负担、社保费用负担，以支持民营企业、尤其是民营中小企业"活下去"；二是着力解决与实体经济融资需求相匹配的普惠金融问题，降低民营企业融资成本；三是着力破除能源、交通等领域的垄断格局和利益藩篱，为民营企业提供公平竞争的市场环境。

中国开始进入消费新时代

40年来，中国在释放市场活力的同时，注重协调利益关系和增强改革普惠性，实现了从短缺经济社会到消费新时代的历史性提升。进入消费新时代，城乡居民的消费结构正由物质型消费为主向服务型消费为主转型升级，并蕴藏着巨大的内需潜力。预计到2020年，城镇居民服务型消费比重将由目前的45%左右提高到50%左右。以服务业市场开放为重点深化结构性改革，既是适应社会主要矛盾变化、满足全社会服务型消费需求的重大举措，也是把巨大内需潜力转化为产业变革新优势的关键所在。

中国开始进入消费新时代。首先，1978～2017年，全国城镇居民人均可支配收入由343元增加到36 396元，增加近105倍；中国农民人均纯收入由134元增加到13 432元，增加近85倍。2017年，城乡居民恩格尔系数为29.3%，首次低于30%，按国际标准已达到富足水平。其次，消费成为拉动经济增长的第一动力。2017

年，最终消费支出对GDP的贡献率为58.8%，比2013年高出11.8个百分点。从2014年起，消费对经济增长的贡献率已连续4年超过投资，消费已成为拉动经济增长的第一动力。第三，城乡居民消费结构发生重大变化。老百姓在健康、医疗、文化、旅游、教育、信息等方面的服务型消费需求全面快速增长，已经成为人民对美好生活需要的主要内容。目前中国城镇居民服务型消费支出占比达到45.5%，农村居民服务型消费支出占比达到30%左右。预计到2020年，中国城镇居民的服务型消费支出将达到50%左右；在农村，如果城乡一体化进程加快，城乡基本公共服务均等化总体实现，2020年后中国农村居民的服务型消费支出有可能接近40%。

关键是在协调利益关系上实现重大突破。首先，城乡利益关系协调：从城乡二元经济社会结构转为统筹城乡协调发展。中国城乡关系进入新阶段，乡村振兴开始成为中国新型城镇化与城乡融合的一个着力点。其次，区域利益关系协调：从非均衡发展走向协调发展。在东部沿海地区率先发展的基础上，促进地区经济合理布局和协调发展。2000～2006年，中央先后提出并实施西部大开发战略、振兴东北等老工业基地战略、中部地区崛起战略。近几年来，先后以"一带一路"建设、京津冀协同发展、长江经济带发展为引领，形成沿海沿江沿线经济带为主的纵向横向经济轴带，塑造要素有序自由流动、主体功能约束有效、基本公共服务均等、资源环境可承载的区域协调发展新格局。第三，群体利益关系协调：从一部分人、地区先富起来到逐步实现共同富裕。

打破平均主义"大锅饭"。包括终结行政级别工资、试行劳动合同制打破"铁饭碗"等。实行按劳分配为主体和按生产要素分配相结合的分配方式，基本建立起世界上覆盖人口最多的社会保障体系。

把服务业市场开放作为深化供给侧结构性改革的重大任务。在服务型消费快速增长的条件下，预计到2020年，中国居民消费需求规模将由2017年的37万亿元增长到48～50万亿元。中国日益扩大的巨大消费潜力是未来10年保持6%左右增长的重要基础。问题在于，由于服务业市场开放滞后，服务型消费"有需求、缺供给"的矛盾相当突出。适应消费结构升级的大趋势，关键要以服务业市场开放释放市场化改革的新红利：打破服务业领域的行政垄断与市场垄断，推动服务业向社会资本全面开放；推动服务业领域国有资本战略性调整；形成市场决定服务价格的新机制。

中国开始进入对外开放新阶段

40年来，中国抓住经济全球化浪潮带来的历史机遇，坚持打开国门的基本国策，成功实现从封闭半封闭到全方位开放的伟大转折。今天，中国经济转型升级蕴藏着的巨大内需潜力成为中国融入全球经济、进一步扩大开放的突出优势和最大本钱。立足13亿人的内需大市场，保持战略定力，"以高水平的开放倒逼高难度的改革"，中国就有条件、有能力应对外部环境变化的挑战。

40年对外开放不仅深刻改变中国，也深刻影响世界。首先，中国成为世界第一大货物贸易国。1978～2017年，中国货物贸易总额由206.4亿美元增长到4.1万亿美元3)，年均增长14.5%，占全球货物贸易的比重由0.8%提高到11.8%。据世界贸易组织统计数据，2013年，中国超越美国成为货物贸易第一大国，进出口总额比美国高出2500亿美元。中国在成为吸引外资最多的发展中国家的同时，逐步成为全球对外投资大国。2017年，中国对外投资达1250亿美元4)，成为全球第三大对外投资国和发展中国家中最大的对外投资国。其次，40年对外开放深刻影响世界经济发展。中国成为世界经济增长的主要稳定器和动力源。2008年国际金融危机以来，在全球经济艰难复苏的情况下，中国经济持续保持中高速增长，2013～2016年，中国经济实现了年均7.2%的增长速度，远高于同期美国、欧元区和日本三大发达经济体2.1%、1.2%和1.1%的年均增速，有力推动了世界经济增长。据世界银行测算，2013～2017年，中国对世界经济增长的平均贡献率超过30%，超过美国、欧元区和日本贡献率的总和。

中国的对外开放以兴办经济特区为突破口，完成了由经济特区到沿海开放城市，再向内地扩展的多层次的探索和实践。加入世界贸易组织后，为使国内经济制度与国际贸易规则接轨，中央政府部门清理各种法律法规和部门规章2300多件，地方政府共清理地方性法规和政策19万多件5)。2013年以来，中国提出并积极推进"一带一路"建设，坚持"引进来"与"走出去"并重；从设立自由贸易试验区到探索建设自由贸易港，加快构建开放型经济新体制；通过世界经济论坛、G20峰会、上海合作组织、中国国际进口博览会等途径积极参与全球经济治理。中国正加快由经济全球化的参与者、追随者向推动者、促进者转变。

建立与主动扩大进口相适应的制度与政策体系。以往在快速工业化的过程中，进口结构与居民消费结构脱节，进口不适应城乡居民消费尤其是服务型消费的现实需求。例如，《2018年中国消费市场发展报告》显示，中国进口总额中，消费品比重不足10%。未来几年，如果消费品进口比重达到20%的水平，不仅会给中国消费结构升级创造市场条件，而且每年将给其他国家带来约4000亿美元的出口机会。以药品为例，根据财政部2017年最新关税税率调整，中国进口药品最惠国税率为2%~4%，进入销售环节还需要在此基础上征收16%的增值税，这使得进口药品价格上升约30%左右[6]。目前，大部分发达国家对药品进口增值税进行减免，欧洲的平均水平为8.8%，有的国家为0[7]。建议要在进一步降低关税总水平的同时，大幅降低或取消药品、常见病所使用的医疗器械进口增值税及重要日用消费品进口环节增值税；尽快实现以癌症治疗为主的医疗器械进口零关税；有条件引进欧美国家的药品质量安全标准，扩大医疗技术等服务进口，倒逼国内医药企业提高质量，以适应和满足全社会日益增长的服务型消费需求。

推进"一带一路"国际产能合作与服务贸易融合发展。以"一带一路"为重点，坚持引进来与走出去并重。2017年，中国对"一带一路"沿线国家承包工程业务完成营业额占中国对外承包工程业务完成营业额的比重为47.7%。"一带一路"沿线国家和地区对华直接投资新设立企业3857家，增长32.8%，高于同期全国平均水平5个百分点8)。同年8月发布的《关于进一步引导和规范境外投资方向的指导意见》，进一步明确了中国境外投资的产业方向及限制与禁止的领域。"一带一路"推进全球自由贸易进程。"一带一路"拉动全球贸易快速增长。2017年，中国与"一带一路"沿线国家和地区贸易额达到7.4万亿元（约合1.1万亿美元），比2016年增长17.8%，远高于同期全球贸易4.3%的平均增速9)。

从实践看，以金融业为重点的服务业企业"走出去"滞后于制造业企业"走出去"，也滞后于产能合作的实际需求。2017年，中国与"一带一路"沿线国家和地区服务贸易额占贸易总额的比重仅为8.2%10)。推动共建"一带一路"高质量发展，要在开展国际产能合作的同时，更加注重以服务贸易合作提升产能合作水平。在有条件的地方，探索实行服务业产业项下的自由贸易政策。从不同区域的独特优势出发，重点与"一带一路"沿线国家和地区开展以教育、健康、医疗、旅游、文化、金融、会展为重点的服务业项下的自由贸易试点。

以服务贸易为重点打造对外开放新高地。例如：以服务贸易为重点促进国内自贸试验区转型升级，不断创新负面清单管理制度，更大范围扩大服务业市场开放，加快推进粤港澳服务贸易一体化进程，着力实现粤港澳服务贸易自由化体制无缝对接的突破；以服务贸易为重点，以服务业市场全面开放为引领，着力建设具有世界影响力的海南国际旅游消费中心，探索形成海南自贸试验区服务贸易新高地。

当前，中国的改革开放又到了一个新的历史关头，推进改革的复杂程度、敏感程度、艰巨程度不亚于40年前。在经济转型升级趋势与外部环境复杂深刻变化相交织的新形势下，改革与危机赛跑的特点仍然十分突出。以全面深化改革开放赢得主动，关键是进一步解放思想，关键是重行动、抓落实、见成效。坚定地以处理好政府与市场关系为主线加快完善社会主义市场经济体制，释放13亿人的巨大内需潜力，不仅将赢得未来10年甚至更长时间中国经济的稳定增长，也将更大地惠及整个世界。

1) 习近平总书记在民营企业座谈会上的讲话，2018年11月1日.
2) 有关数据显示我国科技成果转化率不足30%，中国网，2016年1月25日.
3) 1978-2016年数据来源于《中国统计年鉴2017》；2017年数据来源于《中华人民共和国2017年国民经济和社会发展统计公报》.
4) 中华人民共和国2017年国民经济和社会发展统计公报，国家统计局网站，2018年2月28日.
5) 中华人民共和国国务院新闻办公室：中国与世界贸易组织，2018年6月.
6) 下月起抗癌药等28项药品零关税，从税率调整看患者受益多少，凤凰网，2018年4月25日.
7) 任泽平，贺晨，甘源："中国对外开放的进展评估与变革展望——中美贸易战系列研究"，2018年5月29日.
8) 中华人民共和国2017年国民经济和社会发展统计公报，国家统计局网站，2018年2月28日.
9) 同上.
10) 根据商务部数据测算.

3章

中国经济的潜力与忧患

荆林波
中国社会科学院 中国社会科学评价中心 主任

　　2018年是贯彻党的十九大精神的开局之年，是改革开放40周年，也是决胜全面建成小康社会、实施"十三五"规划承上启下的关键一年。在有效劳动供给不断提高、大国优势进一步发挥的背景下，中国经济依旧具有较高的中长期增长潜力。在传统动能与新经济、新动能的共同作用下，经济运行的内在稳定性不断巩固，可以说，中国经济挖潜升级潜力巨大，同时，我们必须看到中国经济的隐忧仍然存在，稳中有忧、忧中有机，紧紧抓住未来的机遇，中国经济才能走出可持续的发展道路。

40年来消费对经济增长的拉动作用不断增强

　　从社会消费品零售总额来看，中国的消费从1978年的1559亿元增长到2017年的366262亿元，年均增长15%。按照国家统计局的统计，社会消费品零售总额1992年以前为社会商品零售总额。199
2年，社会消费品零售总额突破1万亿，到1996年，社会消费品零
售总额突破3万亿。1998年之后，中国社会消费品零售总额的增长
速度开始逐步提高，2001年首次增长突破两位数，除了2003年回
调到个位数，一直到2017年，中国社会消费品零售总额的增长速
度都在两位数以上，尤其是2008年曾经达到22.7%高增速。

表1 社会消费品零售总额1998-2017年

单位：亿元，%

年份	社会消费品 零售总额	增长率及其说明
1998	33,378.1	106.8%
1999	35,647.9	106.8%
2000	39,105.7	109.7%
2001	43,055.4	110.1%，从3万亿到突破4万亿，用了5年时间。
2002	48,135.9	111.8%
2003	52,516.3	109.1%，首次突破5万亿。
2004	59,501.0	113.3%
2005	68,352.6	114.9%
2006	79,145.2	115.8%
2007	93,571.6	118.2%
2008	114,830.1	122.7%，最近20年最高的增长率。首次实现突破10万亿。
2009	133,048.2	115.9%
2010	158,008.0	118.8%
2011	187,205.8	118.5%
2012	214,432.7	114.5%，首次突破20万亿，从第一个10万亿到第二个 10万亿用时4年时间。
2013	242,842.8	113.2%
2014	271,896.1	112.0%
2015	300,930.8	110.7%，首次突破30万亿，从第二个10万亿到第三个 10万亿用时3年时间。

2016	332,316.3	110.4%
2017	366,261.6	110.2%

2013年以来，中国经济对世界经济增长的贡献超过30%，而中国消费发挥了举足轻重的作用，按照不变美元价格计算，2013—2016年，中国最终消费对世界消费增长的年均贡献率达到23.4%，位居世界第一。2018年4月世界贸易组织发布的《全球贸易数据与展望》报告指出，中国经济从主要依靠投资向消费的转型，从长期来看将有助于中国更强劲的可持续经济增长，从而支持全球经济的持续增长。

十九大对于经济发展思路从"高增长转为高质量"，消费在2018年以及未来若干年将形成基本稳定的格局，已成为中国经济最大的压舱石。2018年前三季度，我国消费品市场保持平稳增长，总量持续扩大，结构不断优化，零售业态融合趋势明显，市场供给方式加速创新，最终消费支出对经济增长的贡献率为78%，比上年同期提高14个百分点；乡村消费品市场零售额同比增长10.4，占社会消费品零售总额的比重为14.4%，城乡市场结构继续优化，国内消费对经济增长的拉动作用进一步增强，消费继续稳居经济增长的第一驱动力。

目前，人们担忧的是：

社会消费品零售总额的同比增长速度下降到个位数。从2010年的增长速度18.8%之后，社会消费品零售总额的增长速度一直处于下滑的态势，到2017年为10.4%。2018年前三季度，社会消费品零售总额同比增长9.3%，增长速度降低到个位数。2018年4月，社会消费品零售总额的同比增长首次跌落到个位数9.4%，引起各界的广泛关注。2018年5月，进一步下滑到8.5%，尽管国家统计局做了相关说明，但是，社会消费品零售总额的增长双位数的时代已经不复重返。特别是2018年11月，该数据只有8.1%，再次引发各界的担忧。2019年，可望保持8%-9%的实际增速，只有这样，才能保证中国经济的稳中求进。

当前制约中国消费扩张升级的因素仍较多。居民过度加杠杆购房的挤出效应显现，消费升级内生动力不足。2004年，我国个人购房贷款余额只有1.6万亿元，而到了2017年，我国个人购房贷款余额上升到21.9万亿元，短短13年增长了13.7倍。个人购房贷款余额占居民贷款余额的比例突破一半，2017年达到了54%。

表2 中国居民个人购房贷款状况

	2004年	2017年
个人购房贷款余额	1.6万亿元	21.9万亿元
房贷收入比 （个人购房贷款余额/可支配收入）	17%	44%
住户部门债务收入比 （居民债务余额/可支配收入）	29%	80%

国家统计局发布的70个大中城市商品住宅10月份销售价格变动情况表明，位列涨幅前十名的城市中，一半以上都是三四线城

市。易居房地产研究院于2018年11月底公布的《100城住宅价格报告》显示，三四线城市1万元以上均价水平已持续了15个月。

服务类消费有效供给不足，无法满足居民多样化的消费需求。 比如，中国人口基数大，老龄化速度之快、规模之大全球独一无二。因此，2017年中国65岁及以上人口已达1.6亿，预计到2050年老龄化达到30%左右，大约65岁及以上人口将达到3.9亿，也就是说，约每3.3个人中就有1个65岁以上的老人。而截止到2018年9月全国养老服务机构2.93万个左右，床位732.54万张，这与上亿规模的老龄人口，不成比例，可见，中国养老配套服务的能力仍然十分薄弱。

企业盈利趋于回落，居民收入可能随之放缓，也会进一步影响居民消费能力。 40年来，我国居民用31年的时间实现人均收入跨万元，用5年时间跨2万元，目前正向人均收入3万元大关迈进。而2017年全年全国居民人均消费支出18322元，比上年名义增长7.1%，扣除价格因素实际增长5.4%。2018年12月27日，国家统计局发布的数据显示，2018年1-11月份，全国规模以上工业企业利润总额增长11.8%，增速比1-10月份减缓1.8个百分点，这是连续4个月的下降，特别是11月份当月利润下降1.8%。

值得期待的态势是：

个性化、多样化消费渐成主流，新兴业态快速增长。 随着互联网特别是移动互联网普及率的提高，网购用户规模不断扩大，2018年前三季度，全国网上零售额增长27.0%，占社会消费品零售总额比重为17.5%，实物商品网上零售额对社会消费品零售总额增长的贡献率超过40%。同时，新旧业态融合发展。在大数据、云技术、物联网、人工智能和移动互联网等新技术推动以及日益完善的物流配送体系支撑下，便利店、超市、专业店、百货店、购物中心等传统零售业态与电商平台深度融合，新兴业态和传统业态融合成为消费市场供给的重要途径，在推动经济发展中发挥着越来越重要的作用。

从内部来看，**中国居民的财富基础稳固，消费升级仍有充裕潜力**。过去，我在研究中国消费问题的时候，提出过一个关于我国消费升级的阶段判断。根据现在的发展状况，我补充完善如下：

表3 中国消费升级的轨迹

	第一次	第二次	第三次	第四次	第五次
时间跨度	改革开放前	80年代	90年末期到20世纪初	2010~2030年	2030年以后
代表商品	自行车手表缝纫机	彩电电冰箱洗衣机	手机电脑空调乐器健身器材开始增长	住房汽车旅游（从国内旅游到出境旅游）	终身教育健康医疗
消费模式	温饱型	由温饱型向小康型升级	由小康型向发展型升级	由发展型向享受型升级	享受型
消费	百元级	千元级	万元级	数十万级	数十万级

级别				乃至更高	乃至更高
持续时间	30 年左右	20 年左右	10 年左右	20 年左右	数十年

从外部来看，消费行为范式不断演进，正从多个维度创造新的消费增长空间。从改革红利来看，2018 年 9 月 20 日，中共中央、国务院发布《关于完善促进消费体制机制，进一步激发居民消费潜力的若干意见》，提出"轻刺激、重改革"思路，通过深度结构性改革，将消费重心从商品消费转向服务消费。消费多元化、市场细分化、品牌小众化将成为现在走向未来的大趋势。同时，信息消费日益成为服务消费中的龙头，影视、游戏、动漫、社交、视频直播、知识付费等线上信息消费的发展，逐步将优质内容从传统出版业和服务业抽离，将消费需求从实物消费抽离，增强消费升级内生动力，顺应消费范式外部演进，从而释放和扩大新的消费增长空间。

我国社会发展的不平衡不充分为经济发展提供了广阔空间

我国社会发展的不平衡不充分最根本体现在经济发展的不平衡不充分，决定了我国社会主要矛盾的变化，也决定着"我国仍处于并将长期处于社会主义初级阶段的基本国情没有变，我国是世界最大发展中国家的国际地位没有变"。

经济发展的不平衡主要体现在：

一是城乡发展不平衡。城乡经济发展差距较大，县域经济发展不足；城乡要素配置不均衡，要素从农村单向流向城镇的趋势明显；城乡公共服务发展不平衡，农村公共服务能力亟待提升；城乡二元结构弊端仍然存在，户籍和土地等制度亟需完善。

二是区域发展不平衡。区域发展差距较大，欠发达地区与发达地区在经济总量指标和人均指标上均存在差距；区域交流合作与协同发展机制尚不完善，各区域间和区域内部产业同构、重复建设、分工不合理等问题较为突出；区域生产力布局与环境保护和生态建设融合发展程度不高，区域发展所面临的资源环境约束压力增大，区域发展与生态环境保护的矛盾日益突出。

三是结构不平衡。一系列调结构的措施，推动了我国产业结构、投资消费结构和收入分配结构等优化和完善。但是，收入分配结构仍然存在不平衡、不合理的问题，劳动报酬在初次分配中的不合理不合法现象亟待规范；税收等措施对收入再分配的调节力度仍需强化；城乡、地区、行业之间收入差距较大，公平、合理的收入分配格局亟待健全；低收入群体长期存在，跨越"中等收入陷阱"任重道远。

经济发展的不充分主要体现在：

一是改革不充分。社会主义市场经济体制建立与发展过程中，劳动力、土地、资本和技术等要素市场体系、市场秩序、公平竞争的市场环境、民营企业发展环境、产权制度等还需完善，如何进一步保护与调动民营企业的投资积极性，如何让它们的市场主体活力充分激发出来，这是当下必须认真对待的。此外，政府的宏观调控能力还需提高，宏观政策还需进一步优化，尤其是宏观政策之间的协同，也是目前的一个难题。

二是开放不充分。在全球治理体系和贸易规则面临调整的重要时期，发达国家仍然掌握主导话语权和控制权，我国参与国际规则、标准制定和修改的能力还不强，引进来和走出去所面临的外部风险和经济安全较大。参与全球价值链分工和抢占全球产业发展制高点的能力亟待提高，尤其是服务业开放程度还比较低，仍存在进一步开放发展的空间。

三是创新不充分。我国自主创新整体能力不强，核心技术、关键共性技术和前沿引领技术创新不足；创新成果转化应用和产业化发展水平不高，科学技术转化为现实生产能力不强，产学研用融合发展不充分；创新政策体系不完善，企业等创新主体动力不足，亟待建立充分调动各类主体积极性的技术创新体系。

以供给侧结构性改革为主线，促进传统产业升级

2018年，我国经济发展围绕"高端供给不足、低端供给过剩，供需不匹配"这个主要矛盾，通过深化供给侧结构性改革，促进产业结构优化升级。以改革开放创新为动力，以新旧动能转换为主要方向，促进产业发展提质增效升级，不断提升我国产业的全球竞争力与国际影响力。

传统农业升级。中央一号文件明确提出中国要强，农业必须强，走现代农业发展道路。在经济新常态下，以互联网为核心的现代信息经济为我国传统经济的转型升级带来新的机遇与挑战。以"互联网 + 现代农业"为驱动力，合理布局传统农业，依托互联网技术和网络平台，升级改造传统农业，生产方式由生产导向为主转变为消费导向为主，使现代农业产品由"种得好、质量高"向"卖得好、附加值高"转变，倒逼现代农产品"更绿色、种得更好"，从而实现互联网与现代农业深度融合，实现农业产业发展模式的实质性转变与升级，进而促进农业领域中广大现代职业劳动者在各行各业实现大众创业、万众创新的全新局面，加速提升现代农业的智能化、信息化水平，促进农业向现代化的快速转变。

传统制造业升级。深入推进供给侧结构性改革是当前政策体系和经济工作中的主线，是建立现代化经济体系的关键举措。以创新驱动为引领，做强做优实体经济，推动中国制造向中国创造

转变，中国速度向中国质量转变，制造大国向制造强国转变，不断增强国家经济质量优势。利用新技术、新工艺、新模式改造传统产业，机械电子、纺织服装、轻工食品等传统产业，推进"三去一降一补"，通过市场优胜劣汰，加快淘汰僵尸企业，使落后产能顺利退出达到市场出清，综合运用市场化法治化手段促使产能利用率保持在合理区间。充分利用现代科技成果和共享技术，深入实施"中国制造2025"，加快发展智能制造、高端装备和绿色制造；加快公共服务、基础设施、创新发展、资源节约、环境保护等短板领域的投入力度，精准有效改善供给质量。按照经济高质量发展的要求，加快建设实体经济、科技创新、现代金融、人力资源协同发展的产业体系，培育壮大新产业、新业态，积极利用新技术、新模式优化升级传统产业，以新技术、新业态、新服务、新模式为核心，以数据、信息、知识乃至智慧等新生产要素为支撑，加快发展以数字经济、智造经济、绿色经济、生物经济、分享经济等为代表的新产业，形成以实体经济为主体、新兴产业加速成长和传统产业优化升级相互支撑的"一体两翼"产业发展新格局。

服务业升级。随着世界主要发达国家经济增长动能转换，我国传统服务业转型升级迫在眉睫。从我国国家经济结构转型现状来看，我国服务业发展正处于新兴业态与商业模式演化的关键破窗时期。依托现代信息技术和互联网技术创新，针对中国服务业目前发展存在的生活性服务消费质量参差不齐、生产性服务业发展相对缓慢，公共服务供给效率相对低下等瓶颈问题，加快服务业与信息技术深度融合，以技术化与标准化为中心，研究全球价值链的治理模式，寻找国内价值链嵌入全球价值链的途径，推进高技术服务业、生产性服务业和分享经济发展，带动传统制造服务化、传统服务高端化、传统服务个性化、外包化、品牌化和国际化。

提升城市空间发展布局，推进新型城镇化建设

新中国建立以来，实行控制大城市规模、合理发展中小城市和小城镇规模政策。改革开放40年，中国城镇化率由1978年的17.9%提高到2017年的58.5%，城镇常住人口由1978年的1.7亿增长到8.1亿人，城市数量由193个增加到657个。党的十九大报告提出，形成以城市群为主体构建大中小城市和小城镇协调发展的城镇格局，加快农业转移人口市民化，为产业发展提供充足的土地及人力资源。探索农业与第二产业对接，与第三产业整合，使农业成为制造业及服务业的载体；依托新型城镇化，切实推动城镇与乡村基础设施建设与完善，利用特色农产品等资源，发展都市休闲旅游农业；推进电子商务进农村，构建互联网+现代农业生态圈，引领农业创客创业，带动农民利用互联网致富。新型城镇化必须要有强大的产业为依托和支撑，通过发展第二产业吸引人口集聚，引导人口非农化就业；通过发展第二产业增加财政收入，为

新型城镇化提供必要的财力支撑与保障。完善第三产业的服务功能，以建设公共服务均等化和拉动居民消费为抓手，从养老服务、医疗服务、环境美化、休闲旅游娱乐等行业入手，实现新型城镇化建设与第三产业完善相互促进。总之，通过大中小城市协调发展、保护人民利益、引导社会资本参与、绿色美丽城镇化建设等方式，转变发展方式，优化经济结构，转换增长动力，构建科学合理的城镇化规模格局。

"一带一路"建设工作走深走实，未来发展潜力巨大

自2013年习总书记提出共建"一带一路"倡议以来，已有150余个国家和地区加入其中，影响越来越广泛。它成为我国参与全球开放合作、改善全球经济治理体系、促进全球共同发展繁荣、推动构建人类命运共同体的中国方案。"一带一路"建设稳步推进，提升了我国贸易投资自由化便利化水平，推动我国开放空间从沿海、沿江向内陆、沿边延伸，形成陆海内外联动、东西双向互济的开放新格局。一方面，中国积极支持"一带一路"沿线国家的经济发展，2017年1-9月，我国企业对"一带一路"沿线的57个国家有新增投资，合计96亿美元，占同期总额的12.3%，比去年同期增加4个百分点。沿线非金融类投资额增长较快的国家有柬埔寨、老挝、马来西亚、俄罗斯，分别同比增长82.9%、68.8%、68.2%、34.1%。同时，我国企业也在合作中不断获益，2017年前

三季度，从沿线的61个国家新签对外承包工程合同额967.2亿美元，占同期总额的57.5%，同比增长29.7%；完成营业额493.8亿美元，占同期获国工程承包合同总额的48.2%，同比增长7.9%。

据海关统计，2017年中国对"一带一路"沿线国家进出口总额为7.37万亿元人民币，同比增长17.8%，高于整体外贸增速3.6个百分点，占外贸总值的26.5%，其中出口4.3万亿元人民币，增长12.1%，进口3.07万亿元人民币，增长26.8%。随着中国加大与沿线国家大通关合作等提升贸易便利化水平的措施实施，与"一带一路"沿线国家的贸易将继续成为中国对外贸易的亮点和增长点。

当然，中美经贸关系是影响2018年中国经济的最重要变量。2018年中美贸易摩擦升温，双输可能性在上升。目前中国对美国出口的增加值不到GDP的3%。这反映出中国很多产品仍处于全球价值链的底部，而美国、日本、韩国和中国台湾地区也在该价值链内。因此，美国加征关税的措施不仅将影响到中国，还可能冲击到其他一些经济体。

综上所述，我们认为，中国经济秣兵厉马、砥砺前行，未来精彩仍然可以期待！

4章

改革开放与中国人的生活变化

侯伟丽 武汉大学 经济与管理学院 教授

　　1949年新中国建立后，在几年内完成了社会主义经济改造，选择以公有制和计划经济机制作为经济运行的基础。1978年之前的很长一段时间里中国就处于计划经济体制下。

　　计划经济是根据政府计划调节经济活动的经济运行体制。它的突出特点是：社会大部分的经济资源由政府所拥有，生产什么、怎样生产和为谁生产、由政府计划决定，经济活动的决策权归国家，决策权力自上而下采取行政方式分配。在理想的情况下，通过环环相扣的计划可以避免市场经济的盲目性和不确定性，防止出现重复建设、企业恶性竞争、工厂倒闭、经济危机等问题。但是由于信息不完全，官僚机制等无法克服的障碍，政府实际上做不出理想中的完美计划。

　　在计划机制下，企业的生产要素供给、产品品种、生产数量、产品的销售都处于政府计划部门和有关行政主管机构的控制之下。企业既不能自主经营，又不自负盈亏。企业实际上成为行政部门的附属物。在计划机制下，个人作为劳动者，担任什么工作，工作量是多少由劳动人事机构和单位按计划安排好的，个人劳动是为了完成计划，多干也不能不得。而作为消费者，个人的生活必需品是凭票证供应的、票证是单位发放的。个人如果想离开单位，在生活上马上就会陷入困境。可以说，个人实际上也成为行政部门的附属物。可见，在计划经济下，原本最活跃的经济活动主体——企业和个人都失去了活力，这使得社会资源浪费严重，经济低效运行。

在计划经济下，中国广大农村地区的经济资源也被国家的严格控制。各地农村实行政社合一的人民公社制，土地和生产资料为集体所有，农业生产以集体劳动的形式进行，种什么，种多少都由指令性计划规定，地方性农贸农场被关闭，国家对农产品实行统购统销，实际上是进行了垄断。这使得大量的农民生活极其贫困，甚至面临饥荒。为了将生活水平极其低下的农民截留在农村，国家实行城乡分割的二元户籍管理制度，严格限制农村人口向城市流动。

计划经济最直观的后果是短缺。在什么都短缺的情况下，各种生活用品是按计划供应的，人们需要五花八门的票证来得到它们。到1978年时，长期的计划经济带来了严重的短缺，加上"文化大革命"造成国民经济的巨大损失，使中国整个国民经济几乎到了崩溃的边缘。正是在这种国情现实下，中国开始了反思和改革。

改革开放的红利

安徽省凤阳县小岗村包产到户的实践是中国农村改革的起点。小岗村当时是有名的"吃粮靠返销，用钱靠救济、生产靠贷款"的"三靠村"，每年秋收后几乎家家外出讨饭。1978年小岗村18户农民搞起搞起了包干到户，第二年小岗村就实现了粮食自给，第一次向国家交了公粮，还了贷款。1978年的12月，中共十一届三中全会作出全面实行改革开放的决策。以邓小平为代表的中国最高层的政治家和最底层的农民们，共同翻开了中国历史新的一页。从此，政府对全国经济资源的控制逐渐松动，减少，市场经济机制越来越在经济活动中发挥更大的作用。中国的改革是渐近式的，既所谓的"摸着石头过河"。在这个"摸"的过程中，实践证明只要计划少一些，市场调节多一些，经济就会以较快的速度增长，人民的生活水平也就会以较大的幅度提高。

人是利己的，理性的，趋利避害的。在市场经济机制下，人们受自身利益驱使，进行分权决策，在市场上实现互利交换。市场机制交换商品和服务的供求信息快而准确，能够高效组织生产，对经济资源实现优化的配置。而这一切就像在"看不见的手"的指挥下进行，使社会经济生机勃勃而井然有序。

从计划经济向市场经济转轨为中国创造了巨大的改革红利。正如中国国家统计局总结的那样，"改革开放以来的40年，是全体居民共享改革发展成果、生活水平显著提高的40年，是人民生活从温饱不足向全面小康加快迈进的40年，是脱贫成就举世瞩目、世界上最大保障安全网不断织密兜牢的40年"。

40年来，中国经济的平均年增长率达到9.5%，远高于世界平均水平。据世界银行统计，中国的GDP从1978年的1495亿美元，增长到2017年的122377亿美元，增长了80倍。中国在世界经济中的占比从1.8%上升到15%，排名从第11位上升到第2位。和经济总量相对应的是，中国的人均GDP也从1978年的156.4美元上升到2017年的8827美元，增长了56倍。

改革开始时，中国80%以上的人口生活在农村，但是8亿人口搞饭吃还不得温饱。改革在中国的农村地区释放了巨大的生产力：各类农产品产量迅速提高，解决了中国人的吃饭问题，更多的劳动力从农业中释放出来，使中国充裕的劳动力优势得以发挥，珠江三角洲和代工经济和江浙的乡镇企业得到了迅猛的发展。中国人口的城镇化水平也随之不断提高。1978年中国城镇化率不足18%，到了2017年提高到58%。人们在城市里不仅得到了更高的收入，也享受到现代化的生活方式，生活品质大幅提高。相应地，留在农村地区的人们的生活水平也提高了，按照世界银行每人每天1.9美元的国际贫困标准及世界银行发布数据，农村贫困人口从

1981年末的8.78亿人减少到2013年末的2511万人，累计减少8.53亿人。贫困发生率从97.5%下降到3.1%。

改革开放给中国人的生活带来变化

要比较中国人的生活变化，最直接的指标是人均可支配收入的变化。这一指标是指居民获得的并且可以用来自由支配的收入。1978年，中国人的人均可支配收入是171元，到了2017年上升到25974元。在收入增长的支持下，中国人的衣食住行、生活面貌发生了巨大的变化。

在穿的方面。以往人们的穿着以绿、蓝、黑、灰等几种颜色为主，面料简单，款式少。改革开放以来，城乡居民的衣着需求发生了三个转变，即从"保暖御寒"向"美观舒适"转变，从"一衣多季"向"一季多衣"转变，从"做衣"向"购衣"转变。居民穿着更加注重服装的质地、款式和色彩的搭配，名牌化、时装化和个性化成为人们的共同追求。

在吃的方面。40年前中国人还处于"没啥可吃"的状态，过年讲究的是"好吃不过饺子"。 现在想到什么吃什么，讲究色香味俱全。人们面对品类繁多的美食常苦于选择"吃点啥"。

恩格尔系数衡量食品类消费在消费支出中的比重。经济发展水平越高，这个系数越低。2017年，中国居民恩格尔系数为29.3，比1978年的63.9下降了34.6个百分点在住的方面。

在住的方面。人们的住房由土坯房、筒子楼、小二楼、大杂院逐渐变化到现在的各种楼房。所用的材料由土坯、方砖到现在的钢筋混凝土。中国人的住房面积由小变大，住房环境也从简单变得越来越讲究。

在行的方面。40年前的中国，出行难、买票难、乘车难。城里老百姓出行，代步的交通工具除了公交车就是自行车。乡村就更难了，出行基本靠走，牛马驴车也是主要的交通工具。若要出远门坐公交的话，一般要走很长时间才能到达大马路的站点。如今中国的交通工具花样繁多，越来越快捷方便舒适。

在耐用消费品方面。中国家庭重要消费品从上世纪80年代的自行车、缝纫机、手表"老三件"到90年代的彩电、冰箱、洗衣机"新三件"，再到新世纪移动电话、计算机和汽车。各种大件耐用消费品正在进入千家万户。

除了衣食住行外，在医疗、教育等各类服务方面，中国人的福利水平也在上升。40年来，中国的公共卫生体系不断完善，国民健康水平持续提高。人口的预期寿命不断增长。1978年男64.5女67.3。2016年男74.8女77.8分别上升了约10岁。超过世界平均水平4岁，超过中等偏上收入国家平均水平1岁。

在教育方面。1978-2015年，中国中等教育毛入学率从1978年的54.9%提高到2015年的94.3%，超过中等收入国家平均水平16.5个百分点。高等教育毛入学率从0.7%提到43.4%，比中等收入国家平均水平高出10.1个百分点。特别地，中国越来越多的家庭有经济能力支持子女出国留学，使中国孩子的教育多了一个选择。教育部统计数据显示，2017年出国留学人数突破60万人，其中九成为自费留学。

"世界那么大，我想去看看"，这是我们大多数人的梦想。在计划经济时代的中国，旅游对绝大多数家庭来说，是不可想象的。而如今，越来越多的人们可以在日常生活工作之外，出门旅游。据国家旅游局数据显示，2017年，我国人均出游已达3.7次，国内旅游人数达到50亿人次。在市场经济体制的建设中，中国人的流动性大大增加了。随着国家对各种经济资源控制的减少，中国社会出现了前所未有的自由空间。在城乡之间，原来附着于土地上的农民大量流入城市，僵硬的城乡二元格局出现了松动。在各单位之间，职员的流动已司空见惯。

总之，中国人的生活在这40年的时间里发生了巨大的变化。但是，在发展的另一面，我们应该清醒地认识到中国还面临许多困境。

经济学家Maddison曾研究过历史上中国在世界上的位置。我们可以看到，从某种意义上说，中国这40多年的快速增长，是对前期极低的发展水平的补课。这里我们比较了中国和美韩日的人均GDP变化。可以看出中国与这三国比较，差距还是很大的。

此外，中国还面临着发展不平衡，贫富差距扩大；城乡二元结构下农村留守老人和儿童增加；经济增长的环境代价巨大；人口形势变化；社会矛盾增加等问题。今年以来，更是遇到了美国发起的贸易战。

可以说，目前中国面临的困难和挑战是巨大的。如何应对这些问题？几十年来的经验教训告诉我们：答案是也只能是——继续深化改革开放。按照"小政府，大市场"的方向，合理定位政策机制的作用范围，全面推进向市场经济体制的转变。对内，让市场机制成为配置经济资源的主导机制，让各种大小、各种所有制的企业能够公平地从市场上获取资源，公平地竞争。对外，继续扩大开放，既要走出去，也要引进来，通过公平互利的国际贸易合作，既提高中国人的生活，也为其他国家的人们创造更多的机会和利益。

最后，改革开放给中国人的生活带来的变化是巨大的，有些是人们以前做梦也不会想到的；不过与任何事物一样，发展中的中国还有许多不尽如人意的地方。要解决这些问题，需要更进一步完善市场经济机制。相信中国人的未来生活会越来越好。

5章

中国改革40年的政治发展

燕继荣 北京大学 政府管理学院 常务副院长

今年是中国改革开放40年，各个学科都在总结中国40年的发展成就和经验，纪念这个伟大的历程，以期找寻能够对国家未来发展有所启迪的东西。经济学关注经济变化，诸如GDP、产业结构、市场化率、资源配置等经济统计指标自然是论证经济发展的有力证据。社会学关注社会变化，人口变动、社会结构、城市化率、社会组织发展等变量自然是分析社会发展的有效工具。政治学关注政治变化，那么，什么理论和指标最能反映中国40年的政治发展？

现代化进程中的发展

让我们先从历史的角度，看看中国百多年来现代化进程中的变化和发展。如果把1840年看作是中国现代化过程起步的时间节点，到现在为止经过了178年。在这178年的时间里，伴随政治舞台"你方唱罢我登场"的变化，中国现代化犹如一部电视连续剧，情节跌宕起伏，结果惊心动魄。

在象征传统帝国遗产的满清王朝的最后71年中，中国经历了太平天国运动（1851-1864）、洋务运动（1860-1890年代）、甲午战争（1894-1895）、戊戌变法（1898）、义和团运动（1899-1901）、同盟会成立（1905）、辛亥革命（1911）等重大政治事件，于1912年建立中华民国，宣告王朝统治的终结。

以中华民国为名义的国民党统治全国的37年历史，又经历了新文化运动（1915）、帝制复辟（1916）、军阀割据（1916-1926）、五四运动（1919）、中国共产党建党（1921）、第一次国内战争（1927-1937）、抗日战争（1937-1945）、第二次国内战争（1946-1949）等重大事件，最终以国民党退守台湾、共产党执掌大陆的结局而告终。

1949以后近70年的时段，中国大陆经过了社会主义改造（1952-1956）、三年"大跃进"（1958-1960）、十年"文化大革命"（1966-1976）等重要事件，于1978年开始进入改革开放时代。在40年的改革开放中，中国共产党决策领导层告别"以阶级斗争为纲"的政策思维，坚持"以经济建设为中心"，先在农村全面推行"家庭联产承包责任制"的生产与管理方式，取代以往的"人民公社制"的生产与管理方式；然后在城市鼓励非公经济方式，并对国有企业和集体所有制企业进行转制改造；在地方发展中，采用试验区模式，先建立改革开放特别行政区，然后普遍推行经济发展特区模式，最后普遍推广并实现全国的"特区化"；在资源配置市场化改革的同时，积极加入全球化进程，制定"引进来走出去"的政策，鼓励企业采用多种方式，实现技术和产业升级。

中国40年改革开放获得了巨大回报。就以经济数据来说，40年GDP平均年增长9%以上，最高年份1984和2007年，分别达到15%和14%多。人均GDP从1978年改革开放后5年的380-530多元，提升到最近5年2012-2016年的40000-53000多元[1]，增长过百倍。按照国际组织的数据，1980年中国在148个国家里面的排位，人均GDP排位130位；到2017年中国在232个国家和地区中，GDP排位上升到70位，人均GDP达到了9481美元。

反映现代化发展的重要指标之一是城市化率。据官方公布的统计结果，改革开放40年来，中国的城市化水平随着经济增长也在快速提升。1978年，中国1.7亿人口为城市市民，7.9亿为农村人口，而现在有57%的人生活在城市，农村只剩下44%的人，也就是说城市人口达到9亿人，农村人口是4亿多人。

还有许多统计数据分析说明中国40年的变化，证明中国40年的进步和成就。正是这些亮眼的数据，让更多的人开始讨论"中国奇迹"、"中国模式"和"中国崛起"的话题。

中国研究的"困惑"

　　中国改革开放40年是中国现代化取得重大进展的时段，但这一事实也引起中国研究的困惑。在一些学者看来，中国或许本该或早该崩溃的。这种所谓"崩溃论"的观点，大体基于几种理论模型：首先是现代化理论，该理论认为，现代化是17世纪开始的社会发展的特定阶段或客观趋势，它引起社会组织、生产和生活方式的改变，使得生活都市化、生产企业化、组织多样化成为社会普遍特征，法治主义、协作主义、民主主义成为国家事务管理的基本方式。基于该理论的一些中国研究者认为，中国的政治体制无法顺利应对快速发展的现代化进程，将"不出意外"地走向崩溃。

　　第二种理论是民主转型理论，该理论认为民主是人类政治的终极目标，因此，任何政体形式，最终都将实现民主转型。在全球日益高涨的民主浪潮冲击之下，中国也应该像其他威权国家那样难逃"民主革命"之大运，即使不会出现1991年苏联解体那样的"崩溃"，也应该出现东欧政权巨变那样的"颜色革命"。

　　第三种是经济发展的不均衡理论。在经济增长和转型的过程中，中国发展不平衡不充分的矛盾日益凸显。从国际比较来看，中国的基尼系数长期居于世界前30位，表明中国的客观不平等已经到了较为严重的地步，其结果必然导致穷人革命。

基于上述理论，有人预测，随着市场化改革的推进，中国在政治上也将发生重大变化，甚至发生像1991年苏联解体、东欧共产主义"颜色革命"那样的剧变。2010年末由北非突尼斯"茉莉花革命"开启的阿拉伯世界的政治变动，也曾经引起海外学者对中国政治变化的类比性推测。对于那些曾经预言或满心期待中国体制会在改革开放中得到根本改变的人们来说，现实的中国似乎是一种"奇迹"——中国政府不仅没有在历次危机中倒下，反而在"中国崛起"的经济发展中得到了巩固。人们试图对这种"奇迹"做出解释，于是，在"中国崩溃论"之后又出现了"威权主义韧性"的说法。例如，美国学者黎安友(Andrew Nathan)提出了"韧性威权主义"(resilient authoritarianism)，认为"一种能够对社会需求进行充分回应的威权体系"，是使中国共产党能够在很长时期内掌握权力并维持统治的关键因素。受他的启发，有的学者提出"行政修补"[2]的概念，用以说明中共的执政能力的提升。还有学者用"软威权主义"(soft authoritarian)政治体制以及一党执政的"协商式列宁主义"(consultative Leninism)的概念来说明，一个开明的、前瞻性的威权政权可以通过选择增长导向的经济自由化以及对待异议方面采用习惯性的封杀(包括了组织以及集会的自由、投票权以及新闻自由和互联网自由)来延长其存活时间，推迟民主化的到来[3]。

从经验和结果角度来说明"威权主义韧性"，在一定程度上丰富了人们对于中国政治复杂性的认识，但并没有对中国未来走向给出令人信服的结论。依然有不少学者对于"威权主义韧性"的暂时性发表了看法。比如，曾任卡内基国际和平基金会中国项目共同主任的美国加州克莱蒙特·麦肯纳学院裴敏欣教授，在其《中国陷入困境的转轨：发展中的独裁体制的局限性》（China's Trapped Transition）一书中，给出如下结论："在一种全国性的改革精神，或富有远见的改革者缺席的情况下，中国似乎走在了一条不知通往何处的长征道路上。中国持续的经济增长只是在证明现行政策是有理的，但却否定了改变的必要性，使得那样的困境将长期存在下去。凭借这一势头，党可以得过且过一段时间，但很难想象中国能够在没有大变动的中途纠偏情况下演变为一个实行市场经济的民主国家"4)。

美国加州大学洛杉矶分校（UCLA）中国研究中心主任包瑞嘉（Richard Baum)于2007年1月17日发文《威权主义韧性的局限》（The limits of authoritarian resilience），关注到了中国领导人采取的一系列行政手段，他认为这些手段可以逐步增强社会纳入、协商与吸纳的机制的有效性，但同时指出了从长远来看它在扩大政治问责制、责任制与大众赋权范围方面的有限性5)，表达了对于中国未来发展方向不确定性的看法。

总之，上述中国研究都给出了如下的政治发展逻辑链条：现代化（工业化基础上的经济发展+教育提升+国家开放+信息流动）→民主意识→民主运动（民主革命）→民主政治（"历史终结"）。确实，正如19世纪法国思想家托克维尔先前所指出，民主化是一种客观的历史趋势，也像近期一些政治学家所认为，民主化是现代化的总体性后果之一。不过，这种基于长期历史发展趋势所形成的一般性分析预测模型，要被用来解释一个具体国家的发展过程，可能还需要更多的现实要素分析的环节。具体来说，民主化可能不一定以一场轰轰烈烈的大规模的"革命运动"为开始，也不一定与一个所谓"威权政体"的轰然倒塌相伴随。今天，如果需要对中国研究和预判进行反思和检讨的话，除了中国政治环境的变化、中国执政党自身的改变这些需要特别关注的要素之外，恐怕还需要考虑政治发展目标的多元性、政治发展的阶段性、政治发展实现方式的多样性。

中国政治发展理论与实践

民众需求（public demand）和政府效能（government effectiveness）构成了政治分析的两个维度。这二者相辅相成，其互动关系决定了一个国家的政治状况及发展走向。依据前一个维度去分析问题，民主化或许会成为关注的核心；依据后一个维度去观察现实，政府能力（包括面对民众需求的自主性、回应性、主导性方面的创新能力）将成为考察的重点。

政治学研究通常把现代化所带来的社会变迁（change）和社会所能提供的制度化（institutionalization）过程看作是一种双向运动，把制度供给视为社会需求变化的解决方案。例如，在政治学家塞缪尔.P•亨廷顿（Samuel P. Huntington）的分析中，作为一种社会动员力量，社会现代化所带来的一系列变化最终转化为一种新的社会需求，这些需求对既有秩序构成挑战，而应对的办法就是提高制度化的水平6)。亨廷顿的理论支持了通过积极的制度改革和制度创新来应对社会变化的主张，也支持了制度供给是社会秩序的决定性要素的观点。

政治学研究告诉我们，制度供给决定国家治理的水平。政府是制度（规则）的主要供给者。因此，政府适应社会需求（甚至"开发"社会需求）并创造性地提供制度（规则）供给的能力，在很大程度上决定了国家政治的现实状况和未来走向。常识和经验表明，政府无能，百姓受累；政府不昌，民主高涨。政府缺乏足够的政策创新和制度供给能力，以及政府不能公正昌明，都会让民众受害，最终为民主革命埋下隐患。政府既公正昌明，又创新有力，则是百姓的福分，也是社会稳定的坚实基础。一部政治发展史，既可以看作是民主化不断实现的历史，也可以看作是政府满足社会需求不断创新的历史。从政府创新的角度看，中国之所以没有发生人们所预期的政治剧变，既可以解释为"民主化惰性"或"威权主义韧性"，也可以归结为中国体制内一直存在不断推动改革创新以化解危机的力量。

谈到中国40年政治发展，已经有研究用"治理改革"来予以说明7)；也有人主张用"从全能主义到权能主义"来加以概括8)；还有人将40年治理变革解释为"从制度信任到制度自信"的变化9)。无论怎样表述，治理改革和创新应该是中国学者较为认可的解释。改革开放40年，中国发生了很多变化，这些变化的积极性应该得到肯定。

首先是治理观念变革。中国共产党作为一个革命型政党，通过发动和组织政治革命和社会革命，经过长期的武装军事斗争而执掌国家政权，成为国家治理的主要责任人。革命型政党在组织方式、理论纲领、行动路线等方面，具有革命化、政治化、意识形态化的特点。1949年建立新政权体系以后，中国共产党在较长一段时间内，并未对革命和建设的不同性质形成明确认识，对于自身转型必要也没有形成自觉意识，继续坚持"以阶级斗争为纲"，仍然采用军事化或准军事化的方式来组织生产和分配，对社会实施计划+运动的集中式管理。1978年改革开放后，中共领导人认识到了国家建设与政治革命是性质和任务完全不同的两个时期，自觉放弃了"以阶级斗争为纲"的施政理念，转向"以经济建设为中心"，开启了去革命化、去政治化的过程，努力实现革命党向建设党和执政党的转型。从放弃"阶级斗争为纲"，到坚持"以经济建设为中心"，再到"推进国家治理体系和能力现代化"，正好反映了中国共产党治国理念的积极变化。

其次是治理体系改革。中国发展最快、变化最大的40年，一直与治理体系改革相伴随。40年改革一轮一轮层层递进，不断深化。70年代末期启动农村生产责任制，之后扩展到城市推行企业生产经营责任制，再到90年代开始市场化改革，直到今天全面深化资源配置的市场化，经济体制改革始终不断，并且一直扮演先导作用。80年代启动了党和国家领导体制改革，这项改革持续深入，从党的领导体制不断调适，到行政体系的8次改革，再到目前的党和国家机构改革，党政体系大体每隔5年就要进行一次重大调整。90年代启动社会管理体制创新改革，伴随基层民主、社会自治价值意义的逐渐显现和明确，社会组织、社区建设、公民参与等治理机制逐步确立和完善，形成了今天社会治理的新格局。40年体制的变革，使得中国计划型+管制型+动员型体制转化为发展型+计划市场混合型+上层政治协商+基层民主协商型的混合体制。

第三是治理政策变迁。40年的改革开放，中国政府从意识形态导向的政策，转向了发展导向的政策，再向治理导向的政策转变。1978年12月中共十一届三中全会提出"以经济建设为中心"，之后一直强调"发展是硬道理"。2003年7月中共十六次全国代表大会提出"坚持以人为本，树立全面、协调、可持续的发展观，促进经济社会和人的全面发展"，按照"统筹城乡发展、统筹区域发展、统筹经济社会发展、统筹人与自然和谐发展、统筹国内发展和对外开放"的要求推进各项事业的改革和发展的"科学发展观"。2015年10月，中国共产党十八届五中全会，强调贯彻创新、协调、绿色、开放、共享的发展理念。强调经济发展，形成了GDP竞标赛，结果导致重复建设、产能过剩、资源浪费、环境破坏、结构失衡、两极分化等问题，因此，目前中共执政团队强调"治理",本意就是针对发展中形成的新问题,要采取更加积极有效的治理政策。

最后是治理行为调适。40年来,中国的党政主体地位和作用没有发生改变,但现实社会中的政治主体以及党政关系、央地关系、城乡关系、政企关系、政社关系处于不断变化中,而且党政部门及其官员的行为方式也在从严治党、法治国家、法治政府、法治社会的建设过程中得到规范。民众的权益意识、法律意识、民主意识普遍增强,这在很大程度上决定了官民关系、国家与社会关系的变化。

中国40年的改革开放和发展/治理是中国的事情,但它具有普遍的意义。首先,没有哪个国家、哪种体制是一成不变和不可更改的。那些遭遇国家解体、政权垮台的国家和体制,恰恰是坚持一成不变和不可更改、反对改革、拒绝变化的国家或体制。

其次,中国40年改革开放以及中国共产党的变革,展示了一个意识形态化的革命型政党的世俗化意义。革命党必须完成向建设党和执政党转变的自我革新,才能在之后的执政过程中找准自己的定位和方向,进而在世俗化的经济发展中发挥继续执政的主导作用。

最后,40年中国改革开放以及发展历程,展现了国家发展与国家治理的均衡性意义。一个国家,要在发展和治理中寻求平衡,既不能只求发展而不要治理,也不能只求治理而不谋发展。

"无发展的治理"和"无治理的发展"都会给国家造成麻烦。中国40年的发展过程正好证明了上述均衡性理论的意义。

总之，在最近一百多年的历史时段中，中国确实发生了巨大变化，从救亡图存，谋求国家统一独立，到发展经济，推进国家治理现代化，中国一直在现代化的道路上探索前行，努力完成现代国家构建的任务。回顾170多年的历史，应当承认，40年改革开放的时期是中国现代化发展最为顺利的时段。尤其经过40年的改革开放，现代国家建设的主题也完全展现开来，政治建设、经济建设、社会建设、国防建设、生态建设正在渐次推进，并最终转化为国家治理法治化、制度化、民主化、社会化的共识性力量。

结语

应当承认，中国的改革具有典型意义，这种典型性不仅仅体现为一国经济市场化、自由化、全球化的巨大潜能，而且也展示了国家治理方式变革的巨大功效。在以往的政治发展评估中，基于极权主义-威权主义-自由民主主义类型学的研究框架，民主化被赋予特别的意义而成为重要的评估指标，甚至是决定性指标。在这种评估之下，中国由于在被设定的可观察的指标上不具有明显变化而成为学术研究之"谜"——市场导向的经济发展与非民主化的政治形态何以共存？一些西方的学者试图用"威权主义韧性"来解开这个"谜团",但另一种观察角度可以更好地为中国40年的改革开放实践及其积极变化提供解释。

客观地讲,中国在一定程度上完成了现代国家所需要的基础建设部分,比方,主权的统一性建设,政府的功能化建设,政权的制度化建设,经济生活的工业体系建设和经济组织的企业化改造,社会生活的城市化推进等。但也必须承认,伴随着经济规模、人均收入、基础设施、公共服务、民生事业光鲜亮丽的业绩,中国依然面临诸多问题,比方,地区发展不平衡,城乡差别较大,收入差距扩大,经济发展的资源环境代价过高,权力腐败严重,安全事故时有发生,群体性社会抗争事件不断发生。这些现实问题的存在也表明,中国在现代国家之基础建设的稳固性、上层建设的合理性方面还有短板,在国家生活的制度化、法治化、民主化、市场化、社会化这些被现代国际社会普遍认可的经验和原则的实施方面,还有较长的路要走。目前,中国领导人提出了雄心勃勃的"人类命运共同体"方案,但是,在不能很好回答以下问题之前,中国恐怕很难发挥引领作用。这些问题包括:第一,经济是如何持续发展的?第二,贫困是怎么治理的?第三,官员腐败是怎样根治的?第四,环境污染是如何防治的?第五,民主化的挑战是如何应对的?第六,法治进步是怎么推动的?

1) 2017年中国的人均收入为8865.99美元，折合人民币55412.49元，月均收入为4617.6元，世界排名第69。2016我国人均收入为8016美元，折合人民币52488.768元，世界排名第72。另据统计，从1978年到2017年，中国的GDP从2165亿美元增长到2017年的12.24万亿美元，40年间，中国年均GDP增幅达到9.6%，而世界经济在同期年平均的增幅是2.78%，中国GDP年均增幅是世界的三倍多。

2) 杨大利在《重构中国利维坦》(Remaking the Chinese Leviathan)一书中，引用由中国高层领导人所做出的有效的"行政修补"方面的许多案例，予以说明中国"国家能力"（state capacity）的强化，以解释中共执政持续的原因。

3) Bruce Bueno de Mesquita and George W. Downs, "Development and Democracy," *Foreign Affairs*, September-October 2005.

4) Minxin Pei, *China's Trapped Transition*, Harvard University Press, 2006.

5) 他指出这些手段主要包括：扩大各级人民代表大会的审议功能；增强"统一战线"各机构，如中国人民政治协商会议（CPPCC）与官方承认的八个"民主党派"建言、协商的作用；创立省、市与县级"电子政府"网站，用于公开政务并获取公众对政府工作表现的反馈意见；增强信访办在协助公民反映国家权力滥用问题上的作用；为遭受国家官员滥用职权之害的公民提供法律援助，并在1999年通过《行政诉讼法》确立下来；通过吸纳企业家、新兴中产阶级与暴发户阶层入党，增加中共的社会代表性与包容性，通过"三个代表理论"将其合理化；提倡新儒家"和谐社会"的文化理念，促进以和平方式解决改革带来的收入与经济机会两极分化不断增长造成的社会经济利益冲突问题。

6) 塞缪尔·P·亨廷顿，李盛平、杨玉生等译：《变革社会的政治秩序》，北京：华夏出版社，1988年，第8-59页。

7) 俞可平：〈中国的治理改革（1978-2018）〉,《武汉大学学报》 2018年第3期。

8) 褚松燕：〈从全能主义到权能主义〉,《中央社会主义学院学报》 2018年第4期。

9) 杨雪冬：〈从制度信任到制度自信：改革开放40年国家治理变革的主体逻辑〉,《新视野》2018年 第4期。

6章

对外开放与中华民族伟大复兴

门洪华 同济大学 中国战略研究院 院长

　　对外开放是中国处理与世界关系的核心路径，它实质性地促成了中国与世界的良性互动，成为中国开创的和平发展道路的本质特征。对外开放与对内改革相辅相成，是决定当代中国命运的关键抉择，是中华民族伟大复兴的必由之路。

中国和平发展的界标

　　以中共十一届三中全会为标志，中国进入改革开放时代，这是中国现代化的历史性转折点，也是中国发展历程的重要界碑。在思想上，中国冲破教条主义和个人崇拜的严重束缚，秉持实事求是的思想路线，发展毛泽东思想，先后提出邓小平理论、"三个代表"重要思想、科学发展观，确立中国特色社会主义理论体系，进而形成了习近平新时代中国特色社会主义思想，这是中国重新确认社会主义的优越性、思想解放、观念变革的最好时期。在政治上，中国结束了长时期的动乱，逐步重建国家基本制度和社会秩序，发展民主人权，全面推进社会主义法治建设，积极推动国家治理现代化建设，中国从国家制度破坏失灵时期进入国家制度建设时期，这是建国以来最好的政治稳定与政治发展时期。在经济上，中国进入持续高增长的经济起飞时期，成为经济增长率最快的大国，迅速缩小与发达国家之间的发展差距，人民生活水平显著提高，贫困人口大幅减少，城市化进程大大加快，这是中国历史上经济最具活力、空前繁荣的时期。在国际上，中国打破长期闭关自守的局面，积极参与经济全球化和地区一体化。在与国际体系的良性互中，中国加速与国际接轨的步伐，迅速崛起为世界经济大国、贸易大国、开放大国，为世界和平发展做出重大贡献，中国理念、中国思想、中国智慧、中国方案为世界所高度关注，这是中国历史上主动开放、迅速国际化、对国际事务发挥重大乃至引领性影响的时期。习近平总结指出，"以中共十一届三中全会为标志，中国开启了改革开放历史征程。从农村到城市，从试点到推广，从经济体制改革到全面深化改革，40年众志成城，40年砥砺奋进，40年春风化雨，中国人民用双手书写了国家和民族发展的壮丽史诗。"

中国对外开放的成就

1978年至今，以开放和改革为主要路径，中国进入经济社会全面发展的快车道，主动开启融入国际体系的进程，综合国力上升居诸大国之最，成长为合作性的、负责任的、建设性的、可预期的国际体系塑造者。

1978-2017年，中国GDP年平均增长率达到9.5%，比1870-1913年美国经济起飞平均增速（3.9%）高出5.6个百分点，比1950-1973年日本经济起飞平均增速（9.3%）高出0.2个百分点，比1990-2015年印度经济起飞平均增速（6.5%）高出3.0个百分点。中国在非常短的时间里逆转了在世界上的经济地位。中国人均GDP增长速度堪称世界诸大国之最。1978-2017年，中国人均国民总收入从190美元增长到9000多美元，从低收入国家跨入中等收入国家行列，，贫困人口减少了约7.15亿人，占到全球减贫人口总数的71.82%。

中国在国际贸易中的地位大幅提高，世界排名由1978年的第32位跃升至2017年的第一位，货物进出口额占全球比重由1978年的2.9%上升到2017年的12.0%，中国成为世界第一大贸易国，是130多个国家和地区第一大贸易伙伴。40年来，中国吸引外商直接投资额年均增长15.2%，目前是世界第二大外商直接投资国、第二大对外直接投资国、第二大国际发明专利国，还是世界最大的国际旅游出境国、出国留学人员国。中国境外投资迅速增长，截至

2017年底非金融类对外直接投资存量达到1.48万亿美元，进入了资本双向流动阶段。

十八大以来，中国以自由贸易区为引领，构建开放型经济新体制，积极推动"一带一路"建设和参与全球经济治理体系变革，深化全面开放，努力形成与世界深度融合的互利共赢新格局。2012-2017年，中国GDP从54万亿元增加到82.7万亿元，年均增长7.1%，占世界经济的比重从11.4%提高到15%；居民收入年均增长7.4%，形成世界上人口最多的中等收入群体；脱贫攻坚取得决定性进展，贫困人口减少6800多万，易地扶贫搬迁830万人，贫困发生率由10.2%下降到3.1%。

改革开放40年，中国成为全球第二大经济体、第一大贸易国、第一大出口国、第一大外汇储备国、第二大引资国、第三大对外投资国，在全球经济格局中的地位和影响力不断提升，创造了战后发展中大国快速崛起的奇迹和以开放促发展的典范。开放型经济持续快速发展为中国经济社会发展注入了强大动力，中国成为世界经济增长的重要引擎。2008年国际金融危机爆发以来，中国经济增长对世界经济增长的年均贡献率在30%以上。改革开放40年，中国走完了发达国家几百年走过的发展道路，成为世界经济增长的主要稳定器和动力源。中国仁人志士前赴后继、上下求索所致力的中华民族伟大复兴正在实现。

中国对外开放的国际影响

大国崛起首先冲击的是国际社会固有的利益格局，进而最终影响其权力格局，导致国际体系的变迁。从过去25年甚至50年来看，中国在经历一个不断向东亚乃至全球加大其影响力的过程，而且这个进程正在加速。由于中国崛起与新一轮全球化浪潮、国际秩序的转型几乎同步，中国的发展前景在一定程度上成为影响全球未来的决定性因素之一；鉴于中国抓住了新一波地区一体化的浪潮，中国也日渐成长为东亚的主导性力量。中国改革开放的历程表明，通过对外开放、主动融入经济全球化和地区一体化，使得中国获得必要的外部资源和要素，扩大了发展的空间和市场领域，符合中国最大的国家利益。

20世纪中后期，中国由贫弱、势弱大国向强国发展，从封闭走向半开放、全面开放；与此同时，世界政治经济体系面临空前广泛而深刻的变革，中国改革开放步入关键阶段；进入21世纪，中国崛起的效应全面展现，中国的国家实力和国际影响力与日俱增，举世关注中国理想、中国理念、中国智慧、中国方案。与此同时，中国崛起与世界转型相约而行，这种历史性重合给世界经济发展带来了无限活力。中华民族伟大复兴成为一个现实而又具有冲击力的话题。

复兴既是一个从衰落后到繁荣的过程；也是一种结果，即再次达到繁荣后的状态。中华民族曾有辉煌的历史，复兴意味着与历史相匹配的辉煌复归，意味着在世界发展中处于优势的地位。从复兴的进程和影响来看，中国复兴首先是内部复兴，这是一种内化的、内向的发展壮大，在经济上表现为发展结构的完善、发展模式的升级、管理模式的创新、内部市场的增容、人均GDP的提高；其次是国际体系内复兴，中国需要国际市场，以外贸为导向的中国经济离不开国际市场的需求；其三，中国复兴是在全球化条件下、相互依存背景下的发展。

中华民族伟大复兴对世界的影响是深刻的。中国成为世界经济增长的新中心，主要经济指标占世界比重及其对世界的边际贡献不断提高，相比许多国家而言，中国的发展更具开放性、可持续性，对世界经济增长、贸易增长、投资增长的带动效应更大，中国以更加积极的方式参与国际分工和国际竞争引起了国际社会的强烈反响。为国际社会所公认的是，中国崛起绝非一时震动，而是重塑世界供求关系的一个持续进程。

当然，世界转型对中国复兴的挑战也是显而易见的。随着经济全球化"双刃剑效应"的进一步展现，随着地区一体化的进一步发展，中国与世界的互动进一步密切相连，不可分割。与此同时，中国与世界的互动进入到更加敏感的时期。世界多极化、经济全球化、文化多样化、社会信息化深入发展，世界在加速转型，国际社会对中国崛起的战略走向更为敏感。

世界面对着一个快速崛起和更加自信、开放的中国，中国面对着一个形势更加复杂、变化更加深刻、机遇与挑战并存的世界。当前，中国大而不强的底色仍在，在经济、社会、政治、文化发展等诸方面仍体现着社会主义初级阶段的显著特点，目前中国经济发展进入"新常态"，仍处于经济起飞阶段，总体基本方向没有变，但必须清醒认识长期制约中国发展的深层次因素，以及现实所遇到的突出矛盾和问题，处于经济下行压力增大期、社会矛盾凸显期、人与自然矛盾凸显期，必须积极应对、妥善处理。情势棘手之处在于，当前"中国威胁论"和"中国责任论"相互交织，中国承担国际责任的意愿、能力与国际社会的期望存在着落差，国际社会对中国崛起的疑虑增加。发达国家加紧制定新的国际规则，围堵中国的意图明显。可以说，随着中国进一步发展壮大，其面临的疑虑、担心、困难和挑战也在增多。

从地区角度看，经济复兴的新时代正在东亚地区展开，预计2025年东亚的经济规模将重新占到全球经济的40%，恢复到1820年的重要地位。东亚对中国未来发展的机遇与挑战均不可低估。从消极的方面来看，全球化可以迅速带来资本和技术，但不会迅速带来良好的经济制度和市场管理能力，反而会带来巨大的挑战；对依赖市场推动而不是制度推动的东亚一体化而言，整体性的制度框架短期之内仍难以建立起来，未来走向地区主义的制度化安排均有可能产生长期的负面影响。设若一味依赖对外开放而没有内在体制的深刻转型，没有国内一体化作为战略依托，则中国与全球经济的接轨只是一种泡沫式开放。理解和应对全球化冲击的方式方法必须从国内体制的深层去寻找，而所谓全球化机遇的掌握也必须通过国内体制的深层改革才能获致，这正是构建开放型经济新体制的要义所在。为直面国内外挑战、抓住国际机遇、实现可持续发展，中国正在构建以融入-变革-塑造（融入全球、变革自身、塑造世界）为核心的和平发展战略框架，致力于超越和平崛起、丰富和平发展、规划崛起之后。

总结过去、开拓未来

40年对外开放，有诸多经验值得深入总结。历史的逻辑总是充满着智慧和蕴含着勇气。习近平指出，"改革开放初期，在我们力量不强、经验不足的时候，不少同志也曾满怀疑问，面对占据优势地位的西方国家，我们能不能做到既利用对外开放机遇而又不被腐蚀或吃掉？当年，我们推动复关谈判、入世谈判，都承受着很大压力。今天看来，我们大胆开放、走向世界，无疑是选择了正确方向。"

进入新时代的中国有着巨大的战略空间去拓展。面向未来，中国需要实施创新驱动发展战略，提升中国在全球产业链和价值链中的地位，发展更高水平的开放型经济，形成支撑高水平开放和大规模"走出去"的新体制机制；中国也需要全面检视40年对外开放存在或导致的问题与教训，以更大的决心、更强的力度、更实的措施推动全面开放。

7章

中国改革开放的世界意义

刘德斌 吉林大学 公共外交学院 院长

　　1978年，在邓小平的领导下，中国开始了改革开放的历史进程。2018年是中国改革开放40周年。回首这40年中国所走过的道路，我们不能不说，中国的改革开放不仅改变了中国自身，丰富了近代以来世界历史现代化转型的模式，同时也改变了中国与世界的关系，影响甚至改变了世界，为冷战后世界历史的发展注入了新的活力。目前，中国的改革开放依然在进行之中，中国改革开放的世界意义也在发展变化。关注和讨论这个问题，无论是对中国还是对其他国家，都有非常重要的现实意义。

改革开放："中国的第二次革命"

　　如何评价中国的改革开放，我认为最深刻、最形象的评价就是中国的"第二次革命"。当人们熟悉了今日中国城市里到崭新的高楼大厦，熟悉了中国大陆东西南北畅通无阻的现代高铁，熟悉了中国是世界第二GDP大国的"桂冠"，熟悉了从中国涌向全世界的"买、买、买"的游客，熟悉了欧美大学校园里成群结队的中国留学生的身影……人们是很难和40年前一个贫穷、落后、僵化和愤懑的中国形象联系起来的。在这40年的时间里，中国人的精神世界和物质世界都发生了天翻地覆的变化。这种变化只能用"第二次革命"来形容。

中国是一个延续千年的文明古国，但在近代落伍了，并且一步步地沦为西方列强和日本的半殖民地。从1911年辛亥革命推翻清王朝，到1949年中重新实现了国家统一，建立中华人民共和国，中国从一个半封建半殖民地社会一跃而为东亚最大的社会主义国家，在不到半个世纪的时间里经历来说疾风暴雨般的历史变革。1949年之后，尽管中国内政外交的选择也曾深受东西方冷战格局的制约，但中国在1970年代即与美国等西方国家改善了关系，并且在1978年率先在社会主义国家中和发展中国家中实现改革开放，摒弃僵化的计划经济体制，融入市场经济大潮，继而在冷战后新一轮经济全球化的浪潮中实现了经济与社会的跨越式发展，成为推动世界和平与发展的驱动力量。从1911年辛亥革命推翻满清王朝到1949年在中华人民共和国的旗帜下重新整合起来，从社会主义的初步探索到改革开放，中国一直在摸索一条符合中国国情的经济与社会发展道路。改革开放是中国对既有发展路线的重大修正，在中国历史上具有转折性的历史意义。早在1980年代，西方就有学者把改革开放成为"中国的第二次革命"1)。中国改革开放的领导人邓小平也把改革开放称为中国的"第二次革命命"。 他在1985年《在中国共产党全国代表会议上的讲话》中曾指出："改革促进了生产力的发展，引起了经济生活、社会生活、工作方式和精神状态的一系列深刻变化。改革是社会主义制度的自我完善，在一定的范围内也发生了某种程度的革命性变革。"可以说，中国的改革开放不仅仅是政策选择的变化，而且也是制度变革。邓小平的这一论断也被后来的领导人所继承。习近平总书记更是多次强调改革开放首先是中国共产党的自我革命，他强调指出："我们党必须以党的自我革命来推动党领导人民进行的伟大社会革命"，"勇于自我革命，是我们党最鲜明的品格，也是我们党最大的优势。

1978年开始的改革开放促成了首先是促成了人们思想的解放，人们从种种自我约束的条条框框中解放出来，探索一条适合中国国情的发展道路。从改革开放开始，中国从一个封闭的国家转变为一个开放的国家；从一个贫穷落后的国家转变为GDP占世界第二位的新兴工业强国；从一个认定"国家要独立，民族要解放和人民要革命"的"革命型"国家，转变为强调"和平与发展"是世界主题，对世界经济增长贡献率最高的"建设型"国家；从一个与西方格格不入的国家，转变为在经济上和西方与非西方国家都形成了密切的依存关系的国家；从一个对美国和西方国家主导的"经济全球化"持有深深的疑虑，转变为推进和捍卫"经济全球化"进程，反对贸易保护主义，并且为世界经济的发展不断提出新的建议，贡献新的公共产品的新的负责任大国。实际上，对比改革前后的中国，人们已经很难把两者等同起来。所谓的"第二次革命"，它的历史意义完全可以同第一次革命即新民主主义革命和社会主义革命联系起来，等同起来。当然，人们对中国的改革开放依然充满新的、更高的期待，中国的改革开放也正在持续进行之中。

中国改革开放的世界意义

作为一个东方的文明古国，人口规模第一的世界大国，中国的改革开放具有多方面、多层次的世界意义。首先，人所共知的是，中国的改革开放使世界上2/3的贫困人口摆脱了贫困，从而为中国经济与社会的稳定发展奠定了社会基础，同时也为全球经济的扩张注入了新的活力。尽管对中国改革开放的世界意义见仁见智，但在其让几亿人"脱贫"的问题上，学界的平评价似乎出奇的一致。第二，中国改革开放的世界意义还表现在中国为非西方国家的现代化道路提供了一种新的范例。随着近代以来西方的崛起，世界历史开始了现代化转型，非西方国家和地区被迫在新的历史条件下寻求新的经济与社会发展道路。冷战开始之后，美国学者更是为非西方国家设计了以西方发达国家的现代化为蓝本的发展方案，创立了一整套的"现代化理论"，以使新近获得独立的发展中国家在美苏竞争中选择西方为它们指引的道路。不能说"现代化理论"没有学术价值和现实意义，但几乎难以找到哪个发展中国家按照美国学者所设计的方案成功实现了现代化转型。前苏联也曾为非西方国家树立了"样板"，但凡是按照苏联模式发展的国家也在现代化的道路上步履蹒跚，并且大都随着冷战的终结而前功尽弃了。在二战后非西方世界的新兴大国中，唯有中国通过1978年以来的改革开放实现了经济与社会的跨越式发展，成为首屈一指的新兴经济大国，让这个曾经的"东亚病夫"重新在世界舞台的中央站立起来。中国改革开放所取得的成就，以及其他非西方国家的成功经验，为非西方国家现代化之路的探索提供了多样性的现实范例。实际上，如果把战后日本经济的复兴和"亚洲四小"的崛起作为非西方国家和地区经济上的崛起作为"序曲"，那么以中国1978年开始的改革开放为开端，冷战后一批的发展中国家和地区陆续走上富有自身特色的改革开放之路，并且也取得了不俗的成就。印度被视为继中国之后又一个崛起的亚洲大国，土耳其的经济增长也被视为一个"奇迹"，还有东南亚和非洲的一批发展中国家实现了经济上的稳步增长。2008年金融危机来袭，二十国集团（G20）取代西方七国集团，成为解决全球经济问题最重要的沟通机制，就是非西方国家在经济上崛起并且参与世界经济治理的一个重要标志，尽管二十国集团还迄今还没有形成一种制度化的机制。

改革开放促成了中国的崛起。当人们讨论改革开放的世界意义的时候，在很大程度上是在讨论中国的崛起对世界的意义。中国的崛起被很多西方学者认为是"21世纪以来最大的地缘政治事件"。首先，中国的崛起改变了大国之间的力量对比，削弱了西方在当今世界上的主导地位，具有深远的历史意义。日本是最先崛起的非西方大国，但由于日本的帝国主义战略在二战中遭遇挫败，战后的日本虽然跃居世界第二经济强国，但一直以西方世界的一员来"约束"自己，因而已经失去了"非西方大国"的资格，中国成为当今世界名副其实的非西方大国。第二，中国的崛起及其影响的日趋扩大与21世纪以来世界的急剧变化同步，因而具有了历史的"反转"和改变当今世界经济与政治格局的意义。21世纪以来，特别是2008年金融危机以来，世界目睹了美国主导世界的意愿和能力的下降，美国与欧盟国家隔阂的不断加深，经济全球化因为加剧了西方社会的贫富分化和制度危机而陷入困境，民粹主义浪潮在全世界蔓延开来；而中东国家从美国入侵伊拉克开始陷入新一轮危机，区域秩序已经解体，非洲也有一批国家陷入经济和政治困局。可以说，"后冷战时代"已经过去，但世界经济与政治秩序如何演进已经"悬疑"起来，中国的崛起及其在推进世界经济发展和改善全球治理方面所表现出来的积极态度，对于阻止世界经济和政治形势的恶化具有重要的现实意义。第三，中国模式具有"示范"意义，也具有挑战性质。改革开放以来，中国逐步融入了市场经济，但中国政府一直在中国经济的发展中发挥着主导作用，这是在改革开放初期西方观察家未曾预料得到的。中国政府超强的管控能力与那些在经济全球化的冲击之下无能为力的发展中国家政府形成了鲜明对照，中国政府应对金融危机的综合也让发达国家的政治和经济精英敬慕三分。中国甚至成了许多发展中国家羡慕和模仿的"对象"和"榜样"，但"中国模式"对西方的发展模式，无论是崇尚自由竞争的"美国模式"还是对强调公平的"莱茵模式"，都构成了制度性的挑战。这种"挑战"随着美国和西方国家社会内部的矛盾加剧而日趋凸显，日趋尖锐。西方国家领导人特别是美国领导人认为中国与其他国家竞争的手段是不公平的。特朗普总统发起的与中国的"贸易战"并没有得到美国参众两院多数议员的支持，但美国各界对中美关系的看法发生了实质性的变化却是不争的事实。改革开放以来中国没有按照美国的预期发展变化，中国被认为是美国最重要的竞争对手。更有学者认为中美竞争已经陷入了"修昔底德陷阱"。

但是，无论怎样看待中国改革开放的世界意义，无法否认的是，改革开放使中国深深地融入了这个世界。中国是世界上120多个国家最大的贸易伙伴；中国已经超越美国，成为对世界经济增长贡献率最大的国家；中国是世界上最大的出口商品生产国，同时也正在成为能源、工业、农业和高科技产品的最大消费国；中国通过她倡议成立的"亚投行"和"一带一路"倡议为这个日趋动荡的世界提供了更多的公共产品，为越来越多国家的经济发展提供新的机遇。对于世界上大多数国家来说，改革开放以来的中国，或者说崛起的中国，既是一种"机遇"，也可能是一种"挑战"。两相对比，机遇大于挑战。中国正在成为这个世界上大多数国家经济与社会发展的一个"机遇"，这恐怕是中国改革开放最重要的世界意义。

"中国之世界"？还是"世界之中国"？

针对"机遇"和"挑战"的种种观点，中国改革开放的世界意义归根结底似乎可以归结为人们心中关于中国与世界关系的一个疑问：崛起的中国将要支配或统治世界，成为美国那样的世界的"主宰者？还是融入世界，成为与整个世界协调一致的部分？这个"非此即彼"的疑问实际上是难以成立，答案或许就在两者之间。一方面，我们看到，随着美国和西方优势的衰落，大国之间和区域之间正在形成一种新的力量平衡，在经济全球化、社会信息化和权力分散化的时代，"一国独大"的局面可能一去不复返了。任何一个大国，包括中国和美国，都难以具备支配世界的能力。另一方面，我们还必须正视，中国的人口规模，发展模式和与世界上多数国家形成的依存关系，又使得她难以在经济全球化陷入停滞，贸易保护主义东山再起，在相当一批发展中国家陷入困局的情况下，坐视世界经济与政治秩序的崩塌，高喊"中国第一"，罔顾他国利益，成为历史上另一个"孤独的超级大国"。中国经济与社会的健康发展越来越与伙伴国家经济与社会的健康发展为前提，这就决定了中国必须与她的伙伴国家沿着"利益共同体"和"命运共同体"的方向前行的逻辑。当然，在很多情况下，中国的内政外交还不能为他国充分的了解、理解和认同，这就需要中国的公共外交发挥作用。当然，归根结底，中国必须在世界的怀疑和期待中沿着1978年开始的改革开放之路一直走下去。

1) 见Harry Harding, *China's Second Revolution: Reform After Mao*, Brookings Institution Press, Washington DC, 1987。

8章

改革开放40年来
中国外交的发展

苏长和

复旦大学 国际关系与公共事务学院 院长

　　改革开放四十年来，中国外交经历了从大国迈向强国、从国际体系的重要参与者到建设者、从国际秩序的维护者到日益走近世界舞台中央的巨大变化。党的十八大以来，中国外交进入了新时代，中国特色大国外交有序拓展和推进，努力推动构建新型国际关系和人类命运共同体。在党中央的集中统一领导下，四十年来，中国外交为经济建设和中华民族的伟大复兴争取和创造了有利的外部环境，为世界的和平与发展贡献了来自中国的智慧和方案，向世界展示了一个自强不息的社会主义大国、东方大国、发展中大国、古老文明大国的外交品格和风范。

中国特色大国外交制度：党中央对外交工作集中统一领导

外交制度是管理一国对外关系各种制度的总和，也是外交思想和活动得以贯彻和实践的制度保障。外交制度是日益成熟的中国制度体系的组成部分。中国是一个社会主义国家，党中央对外交工作的集中统一领导是改革开放前三十年以及改革开放四十年来中国外交制度的本质特征，也是中国特色大国外交的根本保障。新中国成立后，在发展社会主义国家新型对外关系方面，中国逐步确立独立自主、和平共处的外交制度。改革开放以来，中国同外部世界的互动日益紧密，外交体制机制和职能范围得到延伸和扩大，形成了适应改革开放时代中国与世界关系的一些新体制新机制。特别是党的十八大以来，为了适应中国更加深入地参与全球治理体系改革和建设，国内外交体制机制机构建设在全面深化改革中得到完善，同时对多边国际组织和国际机制建设的重视，也成为新时代中国大国外交体制机制新的内涵。

四十年来，以党中央的集中统一领导为根本特征的中国外交制度，保证了中国外交在基本理念、主要政策及其执行上的一惯性、稳定性和确定性，这是中国外交取得一切成就的根本制度保障和宝贵的制度经验。中国的外交制度有效避免了一些多党轮流执政国家因为政党轮替而产生的外交政策多变性缺点，也有力避免了议行对立国家经常因为相互否决而对国际合作协议产生的消极性。今天的世界，不少国家国内对抗式制度体系造成的政治僵局和相互否决政治，对国际合作协议的执行带来很大的困难。从世界上各类外交制度的比较来看，中国共产党集中统一下的外交制度具有的高度的连贯性和稳定性特点，从而既保障了中国外交理念和政策得到一以贯之的执行，也为外部世界同中国打交道提供了更多的信心。

价值观引领是中国外交的鲜明底色

大国外交都有自己鲜明的价值观。中国外交强调的价值观引领，不是搞价值观输出，也不是组建所谓的价值观联盟，而是秉持公道公平公正的原则，按照共商共建共享的方式，推动建立更加公正合理的国际秩序，推动构建人类命运共同体。

四十年来，中国始终将自身核心利益维护同国际社会共同利益拓展结合起来，根据时代大义所向和事物本身的是非曲直，按照公道公平公正原则，独立自主地决定自己的外交政策和行为取向。在苏东巨变后的20世纪90年代，中国顶住西方国家的压力，坚持走中国特色社会主义政治发展道路，捍卫了世界社会主义的制度成果。中国积极维护以联合国为代表的国际体系的团结，努力促进国际秩序中的和谐成分，对待国家间纷争和地区热点问题，中国树立了一个不偏不倚、奉行公道的大国形象。作为发展中国家的一员，中国坚决反对强权政治和干涉政治，维护主权国际体系平等性和完整性，促进国际关系的民主化。在人类面临的共同问题解决上，中国按照能力和责任匹配的原则，积极贡献中国方案和中国力量。

党的十八大以来，以习近平为核心的党中央，赋予了中国外交更多人类共同价值关怀的内涵，展示了一个新兴大国公道外交的价值形象。习近平主席指出要以正确的义利观为指导，处理中国同周边国家及发展中国家关系，中国以自身坚持走和平发展道路的方式影响更多国家共同走和平发展道路，以平等相待的方式构建规模不等国家之间的新型关系，以共商共建共享的团结方式推进"一带一路"共同发展倡议和全球治理体系改革，以绿色发展理念共同呵护一个地球，以相互尊重相互欣赏态度来拓展不同文明之间的和谐共生。

正确处理好同外部世界的关系是中国外交的重要经验

四十年来，中国正确处理了同外部世界的关系，既为自身的发展争取和创造了有利的外部环境，同时也为世界的和平稳定贡献了来自中国的方案和力量。

大国关系走向和实行对抗，是历史上国际关系教训所在。回顾四十年来，中国是大国中率先走出冷战对抗政治的国家，从冷战阵营对抗政治转向开展全方位外交。四十年来，中国不以意识形态、集团政治和阵营政治为标准来划线，发展同政治制度各异、发展阶段不同国家全方位、多层次、宽领域的外交关系。结盟对抗不是出路，大国走合作协商才是正道。党的十八以来，进一步提出对话而不对抗、结伴而不结盟的新型国际关系理念。

四十年来，中国积极参与和建设开放性世界经济体系。改革开放的深入和社会主义市场经济的提出，极大地释放出中国同外部经济体系的活力和能量，中国成为20世纪80年代以来经济全球化的重要力量之一。中国的参与发展了自身，并通过自身发展改变了国际经济对比不均衡的状态，赋予经济全球化更多互利共赢的内涵。

四十年来，中国坚持共商共建共享的多边主义，在国际体系和全球治理建设上，中国既积极参与已有的大部分国际组织和多边条约体系，同时积极主动建设上海合作组织、亚投行等新的国际组织。中国的国际政治智慧在于始终保持新兴国际组织同已有国际组织之间的对话合作关系，而不是相互取代关系，从而促进了国际体系以和平发展的方式向更公正方向转型。中国这种处理新旧国际制度关系的做法，有效避免了对国际体系的冲击，是国际体系和平转型的一个重要支持力量。党的十八大以来，习近平主席在国际上提出"一带一路"共同发展倡议，将中国自身高质量的发展同大部分发展中国家的共同发展联结起来，共同解决国际社会长期面临的发展赤字难题。

四十年来，中国积极推动各国各方进行文明文化对话，实现和谐共生。文明的对立面不是野蛮，还是文明，只有形成这样的文明思维和国际政治哲学，才能做到多元文明和各种制度之间和谐共生，而如果把文明的对立面视为野蛮，必然产生更多的文明排斥和冲突。党的十八以来，人文外交是中国特色大国外交的一个鲜明特色，一个多彩、多元文明对话的世界中心正在东方世界形成。

道并行而不相悖，万物并育而不相害。文明在一致趋同中就会枯萎，在别致多样中则会繁荣，这是人类文明发展进步的一个规律。一种文明在其自身发展过程中，排他和封闭会限制自身文明的格局，开放、包容、学习是保持文明活力的重要方式。多种文明交往之间，则需要摒弃高低优劣之别，秉持各美其美、相互欣赏的态度，才能实现多元多样多彩文明间的和谐共生。当今世界，仍然存在不少相互妖魔化、相互贬低、文明敌我划分的现象，由此引起的相互仇杀现象不在少数。在人类文明发展历史中，各个文明在完成自身独立发展进程之后，如何在一个好的交往格局下形成突破，从单个文明的独立发展向多个文明在友好交往中和谐共生发展的更高层次迈进，这是一个过去长期没有解决、但却是在21世纪人类必须要面对的一个文明难题。进一步来说，在秉持和谐共生的文明观下，人类可能据此创造未来世界更大的文明。正是在这个意义上，才凸显了文明观的改进和文明交往格局的搭建在人类命运共同体建设中的重要意义，最终实现以文明交流超越文明隔阂、文明互鉴超越文明冲突、文明共存超越文明优越的目的。

创新发展是中国外交的亮点

改革开放以来四十年的中国外交，也是不断继承基础上创新发展的四十年。四十年来，中国外交为了适应主权、安全、发展利益的需要，按照内外关系合作协商的原则，以及大国外交发展的需要，建立了许多新的体制机制。特别是党的十八以来，大国外交体制机制机构建设取得了新的成就，设立、成立或组建了中央国家安全委员会、中央外事工作委员会、国家国际发展合作署等，形成了大国外交体制机制的新格局。中国更加积极主动地参与全球治理体系和国际规则建设，同各国各方一起推动国际制度国际机制改革和完善。

四十年来，中国外交既吸收和改进了现代国际体系中的一般外交形态，也继承和转化了中国传统外交形态，同时发展和创造了许多新的外交形态。中国特色外交理论的实践形态，是对本国外交实践的特殊性与国际体系中外交实践的一般性相互结合、相互借鉴、相互学习的结果。在吸收、丰富和改进了现代国际体系中的一般外交形态上，赋予了首脑外交、政党外交、立法机构外交、军事外交、多边外交、民间外交、经济外交、援助外交中国的含义和内容。在继承、转化了中国传统外交形态方面，例如为了顺应文明沟通和对话的世界需求，格外强调人文外交在构建新型国际关系民意基础上的意义；此外，在中央的集中统一领导下，近年来地方和城市积极开展对外合作交流，搭建了很多中外地方政府合作论坛，为中央政府外交起到了一定配合、补充和支持作用。在创造和发明了新的外交形态方面，例如构建了中国的全球伙伴关系网络。伙伴关系不同于结盟关系，是一种新型的国家关系，由此衍生出结伴不结盟的新型国际关系理念。

五、超越对立冲突的秩序观，探索和谐共生的国际秩序

历史上，包括当代，很多秩序观和哲学思维是对立冲突的秩序观。例如，美国特色国际关系理论讲的自由秩序，该秩序的反面是非自由秩序，这两个秩序是冲突的，自由秩序是建立在刻画出一个对立面也就是非自由世界基础上的；民主与专制的二分法也是冲突的，宗教秩序里面讲的正统和异教徒也是冲突的。英国特色国际关系理论讲的国际社会秩序，本质上也是对立的，也就是文明和不文明的对立，这一点，从抽象意义上说，和我们过去讲的古代中国的华夷秩序观在原理上并没有多大区别，华夷秩序至少还有互不干涉、共生的内涵。

总之，现有的秩序观从哲学上很多都把这个世界分成一个好的世界和一个坏的世界，好的世界有权利和责任干预坏的世界或者不好的世界，或者说它认为有权利把一个坏的世界变成一个好的世界。那么按照这个逻辑，可怕的结果就出现了，因为这个秩序就处在一分为二、对立冲突的状态，这样的世界就会处在无休止的战争状态。

世界上每个国家都有权利将自己塑造成好世界的代表，但是这并不意味着其就可以根据自己的界定标准去否定别的国家、甚

至侵害别的国家的自由；如果各国都据此滥用这一原则的话，不要说规则，世界秩序的基本道理都会没有了。对立冲突的秩序观是人类政治文明需要超越的一种秩序观。

另一种秩序观是对立统一的秩序观。也就是，我们这个世界如何在面对差异、矛盾、对立的价值和观点之中，形成一个超越差异、矛盾、对立的新状态，这就需要一种新的秩序思维。世界是一分为二的，是由0和1构成的，但是0和1并不是相互取代的，而是统一共生的。简单地说，要形成这种更高的秩序形态，人们需要从非此即彼的思维过渡到既此既彼的思维。

对立统一的秩序形态在历史和现代也有过，中国古代内外秩序具有很多共生的成分，联合国当时建立的时候，设想的主权国家间秩序其实就是一个对立统一秩序，但很遗憾后来这个秩序被冷战对立冲突秩序部分取代了。其实在冷战结束之后一段时间，中美俄的大国关系也是对立统一的秩序，只是后来美俄矛盾，这个秩序状态被改变了。欧洲在19世纪很短的一个历史时间里如维也纳秩序，也是一种对立统一秩序，当然后来很快又滑向了对立冲突的秩序，这是西方内部国际关系的大国悲剧。

中国倡导的人类命运共同体秩序，从道理和推理上，是一种对立统一的秩序观，而不是对立冲突的秩序观，尤其是在容异能力上。这就提出了一个具有时代性意义的国际关系命题，也就是现在这个世界是在进入一个对立冲突的秩序状态呢（如有人鼓吹的新冷战），还是在进入一个对立统一的秩序状态（如命运共同

284

体秩序）。如果是第一种，世界秩序从道理上讲，并没有发生进步，充其量只是循环而已。人类政治文明要有所进步的话，从原理上讲恐怕还是要往第二种状态转变。

进一步来说，从学理上讲，现在世界上不少地区都模仿了对抗式制度体系，这就在内部政治中经常造成互相否决和对抗的状态，而且互相否决不仅发生在同代之间还发生在代际之间，这几乎成为现代世界政治以及世界秩序构建的一大问题。从推理而言，如果各国之间是一种对立冲突的状态，各国国内政治也是一种对立冲突的状态，在这样一个双层对抗政治体系世界中，会有一个好的世界秩序吗？恐怕很难！这是全世界知识界在21世纪需要认真反思的一个现代政治问题。

改革开放四十年来中国外交发展道路的世界意义

新中国成立乃至改革开放四十年来，中国开创了一条具有中国特色同时对不少国家和地区也有参考借鉴价值的外交发展道路，为构建新型国际关系以及人类对更好国际秩序的探索贡献了来自中国的理论、方案和实践。

四十年来，中国同外部世界各国各方已经基本确立了一个和平共处、和平发展、合作共赢的内外关系体系，这套体系的核心是合作协商而不是对立对抗、是开放包容而不是封闭排他、是互利共赢而不是你输我赢、是相互尊重而不是我高你低，从而为世界创造并展现了一个同以往进行侵略扩张、掠夺外部资源、建立海外殖民地和势力范围等迥然有别的全新大国外交发展模式，成为代表新型国际政治文明的重要内涵。构成这套内外关系体系的价值内涵、逻辑特征、制度基础、实践形态等，就是中国特色国际关系理论和外交理论的核心要义，为新型国际关系的构建提供了来自中国的思想理论资源。

党的十八大以来，在习近平外交思想指引下，中国外交在继承以往外交成果基础上，更具有能动性和主动性；中国外交在同历史和当代有的大国外交理念的比较中，更具有时代引领意义。当今世界，究竟是应该回到阵营对抗的冷战时代还是合力构建新型国际关系、究竟是搞意识形态划线和价值观联盟还是在尊重不同和差异基础上聚同化异构建人类命运共同体、究竟是继续输出自己的政治制度还是鼓励治国理政经验交流互鉴、究竟是倒退到排他性保护主义世界经济体系还是建设开放包容互惠的世界经济体系、究竟是强化二元对抗的国际政治文化还是鼓励倡导和谐共生的国际政治文化，这些都是摆在世人面前的一个选择题。新时代中国外交通过在以上议题的正确选择中，进一步展现了对国际关系和全球治理的塑造能力和引领能力。

进入21世纪以来，人类面对的许多旧问题还没有解决，又面临许多新问题的挑战。人们不能脚步踏进21世纪了，但是国际关系的思维还停留在19世纪之中。人类在21世纪需要摒弃旧国际关系思维，树立新型的国际政治文明观。改革开放四十年来的中国外交，在世界外交史上占有重要的地位，也是世界上各国各方共同探索新型国际政治文明的主要成果之一。

9章

中国改革开放的时代观与外交理念

胡德坤 武汉大学 国际问题研究院 院长

　　20世纪初帝国主义的形成标志着世界历史从分离发展进入到了整体发展阶段，世界已联系成一个紧密的整体，衍生出世界历史发展不同阶段的时代和时代观。时代是指世界政治经济、社会文化发展过程中呈现的不同历史阶段的表述，是对某个历史阶段内涵、特征或主题的宏观概括。时代观则是人们对时代主题的判断和认识，也是一国制订大政方针的理论指导。因此，对时代主题的判断准确与否决定着国家大政方针的正确与否，进而关系到国家的兴衰。同样，国家外交方针也是建立在对时代主题判断的基础上的。本文试图就改革开放后中国时代观与外交理念的演进谈一点粗浅的看法。

和平与发展的时代观与无敌外交理念

1949年新中国成立伊始，便卷入东西方冷战的漩涡，处于以美国为首的西方国家的封锁包围孤立之中。60年代中苏关系破裂，中国又处于美、苏双重压力，中国认为世界仍处于战争与革命的时代，于是在国内提出以阶级斗争为纲，在外交上被迫与美苏两个超级大国对抗，两个拳头出击，实施有敌外交。

但60年代以后，虽然美苏冷战仍在时紧时松地进行，但世界整体发生了两大变化：一是资本主义和社会主义两大阵营出现了大分化、大改组，分属两个阵营的成员国之间开始从敌对走向共处，冷战趋向缓和。二是战后世界经济的快速发展。据《世界经济千年史》一书以1990年国际元为货币单位统计，世界GDP总量1950年为5.34万亿国际元，1973年为16.06万亿国际元，同1950年相比增加13.42万亿国际元，即增加2倍。[1]。

正是在上述国际形势趋向缓和及经济高速发展的两大背景下，1978年中共十一届三中全会确定了改革开放的国策，国内摒弃"以阶级斗争为纲"，将全党全国工作重心转移到以经济建设为中心上来；对外实行开放，致力于同世界各国和平相处，营造良好的国际环境。

对世界战争与和平的判断是制定国家内外政策的前提。中国改革开放后，邓小平对世界存在的基本矛盾及其走向进行了深入分析，对世界和平和发展的两大问题进行了深入思考。1980年10

月，邓小平在同中央领导人的谈话中指出，"我们过去的提法，是立足于早打、立足于大打、立足于明天就打。""现在看，再有五年或者更多时间，也还是打不起来。"1983年3月，邓小平在同中央领导人的谈话中又指出，"大战打不起来，⋯⋯以前总担心打仗，⋯⋯现在看，是担心得过分了，我看至少十年打不起来。"1984年11月，邓小平在同中央领导人的谈话中又指出，"讲战争危险，从毛主席那个时候讲起，讲了好多年来了。粉碎'四人帮'后我们又讲了好久。现在我们应该真正冷静地做出新的判断。这个判断，对我们是非常重要的。首先就是我们能够安安心心地搞建设，把我们的重点转到建设上来。"2)1987至1988年，邓小平在多次接见外宾时指出，"看来第三次世界大战可以在比较长的时间里避免。⋯⋯要利用这个机会，借助一切力量，把经济搞好。""从全局看，在本世纪和下一世纪相当长一段时间里仗打不起来。我们不要丧失这个时机，而要利用这二十年、三十年、四十年的和平时间好好发展自己。"3)从这些论述可见，邓小平根据对国际形势的分析，得出了世界大战在"在本世纪和下一世纪相当长一段时间里仗打不起来"、世界可保持长时段和平的判断，不仅是中国充分利用这一长时段战略机遇期发展经济的前提，而且也是凝练新的时代主题的前提。1984年10月31日，邓小平在会见缅甸总统吴山友时指出，"国际上有两大问题非常突出，一个是和平问题，一个是南北问题。还有其他许多问题，但都不像这两个问题关系全局，带有全局性战略性的意义。现在世界上北方发达、富裕，南方不发达、贫困，而且相对地说，富的愈来愈富，穷的愈来愈穷。"4)1985年3月4日，邓小平在会见日本商工会议所访华团时又指出，"现在世界上真正大的问题，带全球性的战略问题，一个是和平问题，一个是经济问题或者说是发展问题。和平问题是东西问题，发展问题是南北问题，概括起来就是东西南北四个字，南北问题是核心问题。"他指出，现在南北问题主要是南方太贫困，大约占世界人口的四分之三，而北方是发达国家，大约占世界人口的四分之一，"南方得不到适当的发展，北方的资本和商品出路就有限得很，如果南方继续贫困下去，北方就可能没有出路。"5)1988年，邓小平在会见印度总理拉.甘地等人时指出，"当前世界上主要有两个问题，一个是和平问题，一个是发展问题。和平是有希望的，发展问题还没有解决。"他指出，南北问题差距不是在缩小，而是在扩大，并且是越来越大。因此，"应当把发展问题提到全人类的高度来认识，要从这个高度去观察问题和解决问题。只有这样，才能明了发展问题既是发展中国家自己的责任，也是发达国家的责任。"6)从邓小平以上讲话可以看出，和平与发展是世界的主要矛盾和主要问题，也是世界各国急需解决的主要任务。1997年中共十五大将邓小平和平与发展思想确定为"当今时代的主题"和"时代特征"，和平与发展就成为中国改革开放的时代观。

世界历史的演进证实，邓小平对和平与发展时代主题的判断是非常正确的，也是十分及时的。在和平与发展的时代，中国对内及时抓住以经济建设为中心这个根本，通过艰巨复杂的改革，建立了社会主义市场经济，极大地推动了中国经济的持续高速发展。1978年，中国GDP为0.22万亿美元，位居世界第10位，2010年中国GDP上升为5.789万亿美元，超过日本跃居世界第2位。在对外政策方面，1989年邓小平对美国前总统尼克松说，"考虑国与国之间的关系主要应该从国家自身的战略意义出发。着眼于自身长远的战略利益，同时也尊重对方的利益，而不去计较历史的恩怨，不去计较社会制度和意识形态的差别，并且国家不分大小强弱都相互尊重，平等相待。这样，什么问题都可以妥善解决。"7) 不以意识形态划线是邓小平从和平与发展的时代观出发而提出的改革开放的外交原则，这一原则改变了改革开放前的有敌外交，确立了全方位不结盟外交。中国全方位不结盟外交硕果累累：

一是确立了无敌外交。改革开放后，中国以积极的态度迅速地改变与一些国家的敌对关系，建立友好关系。如中苏中俄关系，1989年中苏实现了关系正常化，1996年中俄建立了战略协作伙伴关系，终于结束了敌对历史，化敌为友，揭开了中俄关系史上友好的新篇章。又如中韩关系，1992年双方建立了外交关系，结束了长达43年的敌对关系，1998年中韩建立了面向21世纪的合作伙伴关系，开创了中韩关系的新局面。二是同54个国家建立了合作伙伴关系。通过结伴而不结盟，大大加强了中国同伙伴国家的合作与交往。三是确立了与周边国家与邻为善、以邻为伴的睦邻友好政策。中国十分重视与周边国家的关系，尊重并参与周边各种区域合作组织，与周边国家建立长期稳定的友好关系。四是积极融入国际社会。中国积极参与国际事务，在联合国中维护和平，伸张正义，承担维和行动、裁军活动，努力为国际事务做贡献。尤其重要的是，2001年中国在历经13年的漫长而又艰苦的谈判，终于加入了世界贸易组织，成为融入国际社会的重要标志。总之，基于和平与发展的时代观，中国外交从有敌外交转换为无敌外交，致力于同所有国家建立友好关系；从游离于国际社会转换为融入国际社会，积极参与国际事务，为国际社会做贡献。

和平、发展、合作、共赢的时代观与合作共赢外交理念

进入21世纪后，世界历史整体发展又出现了新的变化：一是经济全球化进程加快。所谓经济全球化是指由于科学技术的发展和生产社会化程度的提高，国际社会分工更加明确，经济全球化包括生产全球化、贸易全球化、资本全球化、资源配置国际化等，覆盖了世界经济的方方面面，使世界各国各地区经济越来越融为一个你中有我、我中有你紧密相连的整体，呈现出全球性趋势。经济全球化是一把双刃剑，对世界各国是机遇也是挑战。经济全球化来势迅猛，在各国尚无准备的情况下，2007年，美国最先发生由次贷危机引发的金融危机，以排山倒海之势迅速席卷全球，影响到世界各国，多国的中央银行向金融市场注入巨额资金，也无法阻止危机的漫延，导致一批国际金融机构倒闭，许多

国际著名企业破产，失业率上升，民众生活水平下降，贸易保护主义抬头，国际贸易萎缩，世界经济下滑。其中，经济全球化到来后大多数发展中国家面临的发展问题更加严重，南北差距不是在缩小，而是在继续扩大。这种形势表明，如何推动世界经济持续发展是世界各国共同面对的课题。二是世界格局出现多极化趋势。1991年苏联解体，冷战结束，世界格局由美苏两极变成了美国一极独大。在单极格局下，一方面美国以世界霸主自居，不断挑战建立在反法西斯战争基础上的、以联合国宗旨和原则为核心的战后国际秩序，凭借强大的武力，接二连三地对世界弱小国家实行军事打击，干涉他国内政，企图建立由美国独霸的国际秩序。另一方面，在和平与发展的时代环境中，各国都获得了发展机遇，一批国家和地区实力不断增长，如西方世界的欧盟、日本，发展中国家的中、俄、印等国，与美国的实力差距在逐渐缩小，使世界格局出现了多极化的趋势，形成了"一超多强"的局面，尤其是发展中国家要求建立公平合理的国际新秩序的呼声日益高涨，对霸权主义是重大冲击。经济全球化和世界多极化趋势表明，世界将迎来百年未有之大变局，如何确保世界持久和平，如何推动全球经济持续发展是世界各国面临的共同课题。即是说，进入21世纪后，世界和平与发展两大时代主题仍未解决。此外，世界各国还共同面临恐怖活动、非传统安全、资源日渐枯竭、人口增长与粮食短缺、生态环境恶化等问题。这些重大问题能否得到解决关系到全人类的命运。

面对21世纪世界面临的新课题，中国习近平主席及时地提出了新的时代观和时代主题。2013年3月23日，习近平在莫斯科国际关系学院演讲中指出，"和平、发展、合作、共赢成为时代潮流"。这就及时准确地揭示了当今时代主题的内涵与特征，简称"合作共赢时代观"。2015年10月12日，习近平在中共中央政治局第二十七次集体学习会议上指出，随着全球性挑战增多，"我们提出'一带一路'倡议、建立以合作共赢为核心的新型国际关系、坚持正确义利观、构建人类命运共同体等理念和举措，顺应时代潮流，符合各国利益，增加了我国同各国的利益汇合点。"这就具体阐释了合作共赢时代观的内涵。虽然目前世界仍处于和平与发展的时代，但从20世纪第二个10年开始，时代主题便进入了从和平与发展向和平、发展、合作、共赢的转换期。根据合作共赢时代观的理念，中国以大时代、大战略、大格局的思维，确立了合作共赢外交，主要内容是：

　　第一，构建人类命运共同体。2013年3月23日，习近平在莫斯科国际关系学院发表演讲指出，"这个世界，各国相互联系、相互依存的程度空前加深，人类生活在同一个地球村里，生活在历史和现实交汇的同一个时空里，越来越成为你中有我、我中有你的命运共同体。"2015年9月28日，习近平在出席第70届联合国大会一般性辩论时发表讲话指出，"当今世界，各国相互依存、休戚与共，我们要继承和弘扬联合国宪章宗旨和原则，构建以合作共赢为核心的新型国际关系，打造人类命运共同体。"的确，当世界历史整体发展到经济全球化时期后，已经将世界各国的利益紧密地联系在一起了，只有通过打造"人类命运共同体"、或曰"各国利益共同体"，才能使各国利益最大化，才能建设持久和平、普遍安全、共同繁荣、开放包容、清洁美丽的世界。

第二，打造合作共赢的世界发展模式。自15、16世纪至今，世界历史发展经历了侵略发展、自我发展和合作共赢发展三种发展模式。自15、16世纪大航海始至1945年二战结束，世界占主导地位的发展模式是资本主义的侵略发展模式，这种发展模式只有在世界上占少数的资本主义国家是受益国，而占多数的殖民地半殖民地国家则是受害国。战后至21世纪初期，世界占主导地位的发展模式是自我发展模式，使所有的国家都得到了不同程度的发展，但南北差距仍然很大。进入21世纪的第二个十年，面对经济全球化浪潮对世界经济带来的巨大冲击，习近平在瑞士达沃斯出席世界经济论坛2017年年会开幕式的主旨演讲中指出，"我们要适应和引导好经济全球化，消解经济全球化的负面影响，让它更好惠及每个国家、每个民族。"这就需要创新世界发展模式，即各国合作打造富有活力的增长模式、开放共赢的合作模式、公正合理的世界经济治理模式、公平包容平衡普惠的发展模式，简称"合作共赢发展模式"。

第三，倡导共商共建共享的全球治理观，推动建立以合作共赢为核心的新型国际秩序。时代在发展，社会在前进。当时代主题出现和平、发展、合作、共赢潮流时，习近平及时提出了全球治理的新理念，倡导国际关系民主化，尊重各国自主选择社会制度和发展道路的权利，国家不分大小、强弱、贫富一律平等。以正确的义利观作为各国共同遵循的国际关系的准则，汇聚世界上每个国家的利益，使各国的利益都能通过合作共赢达到最大化。要充实、完善现有国际秩序和国际关系内涵，支持联合国发挥积极作用，建立能反映世界各国利益和要求的公平合理、合作共赢的新型国际秩序。

第四，提出"一带一路"倡议，全力推动"一带一路"建设。2013年9月和10月，习近平创造性地提出了建设"新丝绸之路经济带"和"21世纪海上丝绸之路"的倡议。当代的"一带一路"是对历史的传承和发展，它发端于中国，通过陆地与海洋联通世界每个国家，构建世界上跨度最长、覆盖面最宽的全球经济大网络。"一带一路"倡议恪守联合国宪章的宗旨和原则，遵循和平共处五项原则，坚持开放合作、和谐包容、市场运作和互利共赢，不以意识形态划线，不以经济发展程度为条件，对沿线所有的国家一视同仁，体现了合作共赢的义利观，是一种新型的经济利益共同体。"一带一路"倡议不是空洞的许诺，而是实实在在的推进，秉承和平合作、开放包容、互学互鉴、互利共赢的丝路精神，通过政策沟通、设施联通、贸易畅通、资金融通、民心相通，一项一项地落实，能给沿线国家带来看得见摸得着的实际效益，能带动各国的发展，使各国都是受益国。

第五，重视周边外交，着力打造周边命运共同体。周边外交是首要。2013年10月，中共中央召开了建国以来首次周边外交工作座谈会，表明周边外交在我国整体外交布局中有着特殊的地位。习近平继承了新中国睦邻外交的传统，站在"和平、发展、合作、共赢"新的时代潮流的高度，提出了"亲、诚、惠、容"的周边外交理念。亲，就是"要坚持睦邻友好，守望相助；讲平等、重感情；常见面，多走动；多做得人心、暖人心的事，使周边国家对我们更友善、更亲近、更认同、更支持，增强亲和力、感召力、影响力"。诚，就是"要诚心诚意对待周边国家，争取更多朋友和伙伴"。惠，就是"要本着互惠互利的原则同周边国家开展合作，编织更加紧密的共同利益网络，把双方利益融合提升到更高水平，让周边国家得益于我国发展，使我国也从周边国家共同发展中获得裨益和助力"。

总之，中国合作共赢时代观和合作共赢外交，及时地站在全人类发展的高度，在经济全球化迷雾中拨云见日，引领世界走向合作共赢的新时代。

---

1) [英]安格斯.麦迪森著，伍晓鹰、许宪春、叶燕斐、施发启译：《世界经济千年史》，北京：北京大学出版社，2004年，第259页。
2)《邓小平外交思想学习纲要》，世界知识出版社，2000年，第22-23页。
3)《邓小平外交思想学习纲要》，世界知识出版社，2000年，第25-26页。
4)《邓小平文选》第3卷，人民出版社，1993年，第96页。
5)《邓小平文选》第3卷，人民出版社，1993年，第106页。
6)《邓小平文选》第3卷，人民出版社，1993年，第282页。
7)《邓小平文选》第3卷，人民出版社，1993年，第330页。

성균중국연구소

학계를 대표하는 중국 연구소. 주요 중국 이슈마다 국내 및 중화권 언론에서 취재에 나설 정도의 공신력을 인정받고 있다. '중국방안', '복합차이나리스크', '한중 거버넌스', '중국모델' 등을 주제로 한 국제학술회의를 통해 새로운 학문 어젠다를 발굴했고, 이를 정책영역에 제공하는 가교 역할을 수행하고 있다. 이러한 연구 성과는 국·중문 계간지인 『성균차이나브리프』와 『成均中國觀察』에 소개되면서 아시아권 중국 연구자들과 오피니언 리더들에게 많은 호평을 얻고 있다. 고급회원을 대상으로 비공개 'CEO 정책리포트'와 수시발간 보고서도 가장 읽을 만한 내용을 담고 있다는 평가를 받았다.

또한 정부와 중국진출 대기업 등에 심층적 자문 활동을 병행하면서 학문과 정책의 교량역할을 하고 있으며, 대학 연구소 본연의 목적에 부합하는 기초연구를 강화해 '중국 공산당 엘리트', '중국의 한반도 인식과 연구자 정보', '중국 지방정부 지도자', '중국도시', '북중관계' 등에 관한 괄목할 만한 데이터베이스를 구축했다. 국제적 협력연구의 중요성을 인식하고 보아오(博鰲)아시아 포럼, 중앙당교 국제전략연구원, 베이징대 국가거버넌스연구원, 일본 와세다대학, 대만정치대학 동아연구소, 지린대학 공공외교학원, 화교대학 등과 학술 협정을 체결하여 공동연구와 국제세미나 등을 통해 중국연구의 국제화와 한국형 중국 연구의 확산을 시도하고 있다. 이러한 다양한 연구 활동을 인정 받아 〈한경 Business〉에서 꼽은 "2019년 대한민국 100대 싱크탱크" 중 중국 연구기관으로 유일하게 선정되었다.

중국, 스스로의 길을 묻다: 중국 석학들의 개혁개방 40년 평가와 전망

1판 1쇄 인쇄 2019년 3월 25일
1판 1쇄 발행 2019년 3월 29일

기획   성균중국연구소
편저   이희옥
펴낸이   신동렬
편집   현상철·신철호·구남희
외주디자인   장주원
마케팅   박정수·김지현

펴낸곳   성균관대학교 출판부
등록   1975년 5월 21일 제1975-9호
주소   03063 서울특별시 종로구 성균관로 25-2
전화   02)760-1253~4
팩스   02)760-7452
홈페이지   http://press.skku.edu/

ISBN 979-11-5550-325-6 03340

잘못된 책은 구입한 곳에서 교환해 드립니다.